木内語録

甲子園三度優勝の極意

田尻賢誉

集英社文庫

目次

木内語録

甲子園三度優勝の極意

まえがき

野球を愛した人らしく、89年の人生だった。

２０２０年11月24日、茨城の取手第二《とりでだいに》高校、常総学院《じょうそうがくいん》を率いて3度の甲子園優勝を果たした木内《きうち》幸男《ゆきお》監督が亡くなった。長年患っていたがんによるものだった。

木内監督が亡くなったことで、改めて過去の取材ノートや当時の記事をめくってみた。20〜30年も経《た》っているというのに、木内監督の言っていることは少しも古びていない。今も通用することばかりだ。これは絶対に忘れられてはいけない。もう一度見直し、世の中に残すべきだ。そう想《おも》い、筆を執った。

〝木内語録〟に触れれば触れるほど感じるのは、木内監督が〝気づきの人〟であること。今になって驚かされることも多かった。

例えば、メンタルの話。個人的に興味があって、メンタルや脳の勉強をしているのだが、あるとき、こんなことを教わった。

「本番で力を発揮できないのは緊張しているからではありません。感情と思考が一致していないからです。緊張しているというのは感情。緊張しているのに無理に緊張していないと思おうとするのが思考。だから緊張していることを認めることが大事です」

実は、これと同じようなことを木内監督も言っている。

「なんでもあがりだと認めろ。そうすれば、早く下りられんだよ」

そう言って選手との間に「あがっている」というサインをつくり、緊張している選手に「あがってます」と言わせていた。

これだけではない。別のことを教わったときも同様だった。

「自分が緊張したり、動転しているときは、自分より緊張している人、動転している人を探して、声をかけてください。励ましてください。人は、励ます側にまわると、緊張しなくなります。動転しなくなります」

こう教わったのだが、木内監督はこう言っていた。

「『チームリーダーになれ。一番声を出せ』と、セカンドとサードを励まし係に任命しました。人を励ませば、自分も励まされんだよね」

甲子園でなかなかヒットが出ない不振の内野手2人に対し、初登板の下級生投手に積極的に声をかけるように指示したのだ。

木内監督がメンタルトレーニングの勉強をしていたという話は聞かない。そもそも、20～30年前にメンタルトレーニングを取り入れていた学校はほとんどなかった。あの言葉は、木内監督の長年の経験からきたものだろう。

〝兄弟型〟を調べていたときもそうだった。兄弟型とは家庭内の兄弟姉妹構成と生まれ順をもとにつくられる性格を研究するもの。エースに向いているのは長子と呼ばれるその家庭で一番上の子供だと考えられている。長子は責任感が強く、まじめで教育効果も表れやすいのが特徴だからだ。江川卓《えがわすぐる》（元巨人）、松坂大輔《まつざかだいすけ》（現西武）、ダルビッシュ有《ゆう》（現パドレス）、田中将大《まさひろ》（現楽天）ら日本を代表するそうそうたる投手がこれにあてはまるのだが、木内監督はいいピッチャーの条件として、まっ先に「まじめであること」を挙げていた。本書の本文中にも兄弟の話が出てくるが、一人ひとり調べたわけではないだろう。これも、多くの選手を見てきた木内監督が気づいたもののはずだ。

本文には紹介しきれなかった中にも、気づきがつまった言葉は多い。

１９８８年夏の甲子園開幕試合で小浜《おばま》（長崎）に19対1と大勝したときは、こんなことを言っている。

「弱いから1回戦を派手に勝ちにいったんです。強かったらもっと静かに勝ってました」

前年準優勝校で注目を浴びる。だが、前年ほどの力はない。それでも周囲に「やっぱり常総は強い」と思わせるため、攻撃の手を緩めなかった。12対1とリードした7回以降に7点を挙げている。

２００３年夏の甲子園１回戦・柳ヶ浦《やなぎがうら》（大分）戦では２対１と１点リードの９回表にポテンヒットで嫌な走者を出したが、どっしりと腰を下ろしていた。

「ピッチャーに安心感を与えるために、わざわざふんぞり返ってました」

どちらも、どう見られるかを意識しているからできること。第三者目線を忘れず、相手側に立った見方ができていることの証明だ。

徹底的に子供を、相手を観察する。自分が観《み》ることにこだわるから、相手にどう観られるかも意識する。それができるのは、あらゆることに気づいているからだ。

本書は、木内監督の〝気づき集〟でもある。子供のどこを観察すればいいのか。相手のどこを観ればいいのか。どんなことに注目すると、相手の心理がわかるのか。

木内監督の言葉を読めば、子供への接し方や試合の運び方、勝ち方が見えてくる。それは、ジャンルを超えて、子供を相手にする人、スポーツを指導する人、人を教育する人すべてにあてはまることばかりだ。

木内監督が残してくれた、不変であり、普遍の語録集。これを読めば、きっと〝気づける人〟になるヒントが見つかるはずだ。

突飛なことやるんで。全国優勝でワンポイントなんかしたもんですから

「木内マジック」

いつからこの名称がついたのだろうか。木内監督本人は取手二で優勝した頃ではないかと言う。

「やまびこ打線（徳島・池田《いけだ》）とかね、こういった名称をつけようとした時代があるんですよ。マスコミのみなさんがね。オレには、つけることがないんだよね。で、突飛なことやるでしょうよ。全国優勝でワンポイントなんかしたもんですから」

84年夏の決勝戦は9回表を終了して4対3。取手二は優勝まであと3人に迫っていた。ところが、さすがはPL学園（大阪）。ただでは引き下がらない。9回裏、先頭の清水哲がレフトへ同点の本塁打を放つ。動揺した石田文樹《ふみき》（元大洋）が投じた松本康宏への初球は死球。ここで木内監督は左腕の柏葉勝己をマウンドに送り、石田をライトに下げた。

「石田ってのはカーッとしちゃって、『何投げたか覚えてません』て性分なの。ホーム

ランの次の球がデッドボール。これが（カウント）2―2とか1―2とかで手元が狂ったっていうならわかんだけど、初球でしょうよ。初球にあんな厳しい球放ったって、打つわけねぇんだよ。これは正常じゃねぇなと思ったの」

伝令でひと呼吸入れることも考えたが、同点の9回裏であること、無死一塁で左打者であることから柏葉の投入を決断した。

「あれは石田に冷静になってもらうために柏葉をつぎ込んだの。左対左だし、どうせバントなのはわかってたんです。向こうは勢いに乗って、押せ押せでくっから、相手の攻撃の波を断ち切んなきゃいけないと思ったんだよね」

相手の流れを止める。これは、ＰＬ学園から学んだことだった。6月の招待試合でのこと。圧倒されるムードを変えようと選手たちにハッパをかけたが、「よーし」と気合を入れた途端、ＰＬの選手たちはユニフォームの胸に縫い込まれたお守りをギュッと握って祈る。これがいい間になり、反撃意欲をそがれてしまうのだ。

「あのとき、パッとひらめいたの。ＰＬの押せ押せムードを、ピッチャーを代えることによってひとまず中断させようということだね。それと、柏葉が何球か投げる間に石田が何か考えるだろうと。まぁ、少なくとも黙ってて冷静になるだろうと。よっぽどバカじゃない限りはね。それが狙いだったの」

柏葉が2球で鈴木英之に送りバントを失敗させる。だが、次に控えるのは清原和博《きよはらかずひろ》

（元西武他）、桑田真澄《くわたますみ》（元巨人他）の2年生超高校級コンビ。

「柏葉は清原、桑田には通用しねぇからね。冷静になれば石田はいいピッチングをしてくれるだろうと。そういう計算だったんだよ」

マウンドに戻った石田は、動揺が消え、気迫がみなぎっていた。

「2年生には負けたくないって気持ちが急に強くなったんです。絶対抑えてやると思いました」と言う石田は清原に対して内角球を投げ込む。怪物といわれた打者に「今まで石田さんほどインコースを攻めてきたピッチャーはいません」と言わせるほどの強気の攻めで、空振り三振に斬って取った。さらに桑田もサードゴロに退け、サヨナラ負けのピンチを防いだ。

「石田にショックを与えた。うなだれながらライトに行きましたから。また戻したとき、ニコニコしてましたよ。うれしそうに外野から走ってくる表情を見て、この回は点を取られないと思った。小躍りしてマウンドに来ましたから。あんなにうれしそうな顔してマウンドに上がったピッチャーはいない。うれしそうな顔してマウンドに上がったピッチャーは、みんないいピッチングをすんだよ」

ワンポイント成功。だが、これで終わりではない。マジックには続きがあった。

守備から戻ってきた選手を拍手で迎えた木内監督は、ピンチを脱した投手2人を「これでもか」というほどほめにほめた。

「ああいう場面でみんなを奮い立たせるには、ピッチャーをほめるしかねぇの。ピッチャーは2人で力を合わせて最少失点に食い止めたんだから、あとはお前らが打ち込んでやんだと。ピッチャーをうんとほめて、バットマンの奮起を促そうってことだね」

その直後、打線が爆発。無死から佐々木力がセンター前ヒットで出ると、下田和彦が送って1死二塁。桑原淳也四球のあと、中島がレフトへ勝ち越しの3ランホームラン。さらに石田の右中間二塁打と塙博貴のレフト前ヒットで1点を加え、勝負を決めた。

今でこそ継投が珍しくなくなった高校野球だが、当時はエースの先発完投が当たり前という時代。エースがマウンドを降りるときはチームが負けるときという風潮があった。そんな時代に、流れを変えるためのワンポイントリリーフは奇策といってよかった。

「それが失敗すれば題名にならねぇんだけど、結構当たってんスよ。監督に恥かかせねぇ子供たちだと、そのへんのところは子供たちに感謝してるんだけどね」

あのとき、石田を続投させて敗れても、誰も批判する人はいなかっただろう。むしろ、救援の柏葉が打たれていたら、そちらの方が問題になったかもしれない。

木内監督のひらめきとそれに応えた子供たち。奇策を奇策で終わらせなかったからこそ、球史に残る〝木内マジック〟が誕生した。

一球の怖さを知るには、3年かかるんですよ

「ウチの方が学年勝ちですよ」

84年夏の甲子園で箕島《みのしま》（和歌山）に勝った試合後、木内監督はこう言った。取手二はその年の春のセンバツでベスト8。優勝候補で臨んだ大会だったが、初戦の箕島は嶋田《しまだ》章弘《あきひろ》（元阪神他）、杉本正志《まさし》（元広島他）と秋のドラフトで1位指名を受ける投手2人を擁する大型チーム。取手二は自慢の打線がチャンスを活《い》かせず、7回まで0対3とリードされた。だが、8回に相手のエラーに乗じて3安打を集中させ、5点を奪って逆転。そのまま逃げ切った。

「前半は（箕島は）ウチより強くて『やっぱり野球王国のこちらの方（近畿）のチームはひとまわり違うな』と思っておったんです。ところが、やっぱり力出してみるとおんなじだったですね。ウチは1年からレギュラーやってっから、3年やっちゃったでしょ。箕島さんは2年でしょ。ですから学年勝ちというところだと思ってます」

取手二は投打の柱・石田文樹、吉田剛《よしだたかし》（元近鉄）を中心に1年生からレギュラーの選

手が6人。甲子園も2年春、3年春に続いて3度目で豊富な試合経験が土壇場で活きた。

「2年選手をやってほしいっていうのは、どうしたら勝って、どうしたら負けるっていうのを経験しますから。全国で優勝しなきゃ、どっかに負けっから。2年経験して『高校野球はわからないよ』ということを知ると」

木内監督のコメントにはしばしば学年の話が出てくる。同じ大会の決勝では、PL学園の2年生エース・桑田真澄との対戦を前にこんなことを言った。

「お前らは1年生からレギュラーを務めた3年生。相手は1歳下の2年生だ。兄貴が弟に負けたら格好つかねぇっぺ」

桑田には6月24日の招待試合であわやパーフェクトの1安打完封を喫している。分が悪いように思えたが、木内監督はこんな見方をしていた。

「招待試合のときは、桑田君が『オレに放らせてくれ』ということで宿舎から（球場まで）走ってきたの。それで取手二高戦に備えたと。だから桑田君がウチに対して備えれば、これはウチは打てねぇのよ。いいピッチャーだから。ただ、強いとこの2年生投手がそんなに無理できるはずないのよ。バックがいいから、そんなにピッチャーを酷使しなくても勝てんのよ」

清原和博が4番に座るPL学園打線なら、大量援護で全力投球をせずとも勝てる試合が多い。マウンドを二番手投手に譲る展開になることも多々ある。エースが孤軍奮闘するような試合は少ないから、他校の2年生エースより負担が少ない。

「決勝戦は3連投だから。2年生に3連投がきくはずがないってオレは読んだんスよ、ハイ。3年ならね、やっちゃうでしょうけど。オレだって2年は壊れんの怖くて3日続けて使えないもん」

試合が始まってみると、案の定、桑田はいつもの球威がなかった。

「1、2番が凡退してきたんですけど、球のキレがないということをベンチで報告したの。みんなの前で『今日の桑田は打てるぞ』って。打てるって言うなら自分が打てばいいものを、次のバッターらに打てるという話をしたのよ（笑）。そしたら、『じゃあ、オレが打ってくる』って3番がガーンと打っちゃったんですよ。この学年の子供たちは自分が失敗してもチームを盛り上げてくれたス、みんな」

3番の下田がセンターオーバーの二塁打を放つと4番の桑原もセンター前にはじき返す。この打球をセンターの鈴木英之が後逸して桑原は一気にホームイン。初回に2点を先制することに成功した。

「まだ桑田君も2年。3連投ですから、なかなか思ったようには投げられなかった。それとウチの3年生はツッパリ3年生だったの。だから、『PLへの借りは必ず返そう。2年生なんかに抑え込まれてたまっか』というのが全員にあふれてる感じだったね」

7回には「PLに名前負けしてたまるかという気持ちで打ちました」と言う吉田が2

ランホームラン。9回裏に追いつかれて延長に入るが、10回には中島彰一が高めのボール球を大根切りでレフトスタンドに運ぶ3ラン本塁打を放った。桑田は10回途中に降板。招待試合とは打って変わって、12安打8失点だった。

同じく2年生エースのダルビッシュ有を相手にした03年夏の甲子園決勝・東北（宮城）戦の試合前にも木内監督はこんなことを言っていた。

「3年生と2年生の差、1年間の差がどっかにあんじゃないのと思ってるんですけど」

それは、自身の経験からきている。92年夏、ベンチ入り15人のうち3年生がわずか1人、14人が1、2年生で甲子園出場を果たしたときは、初戦で佐世保《させぼ》実（長崎）に9回裏2死まで2点リードしながら追いつかれ、延長11回にサヨナラで敗れていた。

「勝負に対する執着心が少なかった。やっぱり若いチームだったね」

キーワードは勝利への執着心。ダルビッシュ攻略法の詳細は113ページからの項に記した通りだが、気を抜く、手を抜く場面を待ち、そこでたたみかけるシナリオ通りの攻撃で4回表に一気に3点を奪った。0対2から1点を返したあと、2死三塁からの連続長打で逆転した。

「いいピッチャーってのは2アウトだとね、わりあいに『アウトひとつ取ればいいんだ』っていうように簡単に考えてくれるんですよ。2アウトから取られると、『2アウトまできたのに、オレなにやってんだ』ってなるから次のバッターに打たれる。そこが高校生、2年生だったということ。子供の心理を応用した野球だったんスよ。2年生はまだ、そんなに頑張れるもんじゃないのよ。頭でわかってても、体が違う動きをしてるとかね。それとダルビッシュ君は実力がありすぎるせいもあるのかな、勝負に対して少しおおらかな感じがしたね。執着心が薄いというんかな」

木内監督からすれば、ダルビッシュはもっとできるのにやらない。素材や実力を活かしきれていない。もったいなく映った。そこが狙い目だった。

「試合前、やっぱり子供たちは『ダルビッシュはすごいピッチャーだ』と思ってたらしいの。（初回の）先頭バッターは3つ空振りして帰ってきて『かすんねぇ』って言うんですよ。でも、『そんな球ばっかり来ねぇから。必ず何球か並みのボールが交じってくるんだから。打てる球だけ打てばいい』と。そのボールが（一挙3点を奪った）4回あたりで出ました。そういう一球の怖さを知るには、3年かかるんですよ」

たとえ9回2死までパーフェクト投球をしていても、たった1球で負けるのが野球というスポーツ。その怖さを知るには、2年間では時間が足りない。まして、実力がある選手なら、苦しい経験が少ない分、なおさら気づくのが遅れる。

選手を指導するにあたって、木内監督はこう言っていた。

「バッティングにしても守備にしても、1年生だからしょうがねぇ、2年だからこれぐらい覚えろ、3年はこれができなくちゃいけねぇっていう3段階の指導だかんね。学年によって指導のしかたが違うということです」

〝学年勝ち〟とは、経験やスタミナに加えて、野球の怖さをどれだけ知っているかの差でもある。そこを木内監督は重視していたのだ。

お前ら、勝手に考えてやってくれ

ベンチの後ろに引っ込み、ソッポを向いてしまう。

甲子園の試合中にこんなことができるのは、木内監督ぐらいのものだろう。

87年夏の甲子園準決勝・東亜《とうあ》学園（西東京）戦。大会屈指の好投手・川島堅《けん》（元広島）の前に常総学院打線は沈黙。5回まで2安打に抑えられた。

「おっつけていこうと言うとそろっと打ってしまうし、振りきれって言うと空向いて打っちゃうしね。コースがよくて、いいスイングをさせてくれませんもんね。それを振りきれって私が言うもんですから、上を向いて振ってしまう。今日は子供たちが乗りづらくてね。負けを覚悟しておりました」

6回表に仁志敏久《にしとしひさ》（元巨人他）の失策と二塁打で東亜学園に先制点を奪われると、その裏の常総学院はこの試合3つめの盗塁死で逸機。7回裏の攻撃前、とうとう木内監督はキレてしまった。ベンチ前で組む円陣で、選手たちにこう言ったのだ。

「オレ、今日はやる気が起こらん。お前ら、勝手に考えてやってくれや。同点に追いつくまで、ベンチの奥に引っ込んどるからな」

本当にベンチの後ろに下がり、試合も見ない。完全にあきらめのポーズをした。

ところが、8回の攻撃。前に出てきた木内監督は、先頭打者の島田直也《なおや》（元横浜他、現常総学院監督）に耳打ちする。

「ホームラン狙え」

その直後。島田は初球のカーブをとらえてレフトスタンドへ同点本塁打。試合がふりだしに戻ると、そのあとはいつものようにベンチの一列目に座って指揮。10回裏、無死一塁から相手のバントシフトをあざ笑う強行策でサヨナラの勝利を呼び込んだ。

実は、この〝監督放棄〟は珍しいことではない。ときどき見せる木内監督の得意技。半分は演技なのだ。

「試合ぶん投げっちゃうからね、オレは。『汗水たらしてやってこんな結果か』って試合の途中で怒って、何もやらない。後ろ行って座って野球見てないですから。オレ、向こう向いっちゃうから。そうやってぶん投げたら、子供らが勝つようにもってっちゃうから。そうすっと、『追いついたんで（采配を）お願いします』ってキャプテンが来んの。だからぶん投げられんだけどね」

監督が何も言わなければ、選手たちは自分で考えざるをえなくなる。なんとかしようと必死になるから結果が出ることも多い。たとえ結果が出なくとも、「やっぱり監督の言うことを聞かないとダメだ」と気づくことになる。どちらに転んでも得られるものはあるというわけだ。結局のところ、選手たちは監督の手のひらの上で転がされている。

だが、こんなやり方は今では通用しない。監督を引退後、木内監督はこう言っていた。

「オレがぶん投げたら、今の子は（『お願いします』と言いに）来ないですよ。（自分に）任しとけだから。それで負けっちゃう。今の子に任しちゃダメ。勝てないのわかってるくせに自分らでやるから。主旨が違っちゃう。昔の子供は扱いやすかったなぁ」

当時の時代背景だからできたともいえる〝監督放棄〟。行動を読みやすい、扱いやすい子供たちには有効な、とっておきのマジックだった。

都会のチームには無茶もいいんではなかろうか

エース・島田直也で準優勝した87年夏。準決勝の相手は大会ナンバーワンと言われた川島堅を擁する東亜学園だった。

　1対1で迎えた10回裏の常総学院の攻撃。先頭の島田がライト前ヒットで出る。1点取れば勝ち、というサヨナラの好機だ。当然、送りバントが予想された。打席には1年生の6番・仁志。140キロの速球が持ち味の川島に対し、「ストレートに強い」と前日までの7番から打順を上げていた。

　初球、東亜学園のファースト・小関章はバントを警戒してダッシュする。だが、木内監督のサインは強攻だった。打球は一塁側へのファウルになり、2球目。初球を強振した仁志を見ても、「バントだとばかり思っていた」(捕手・副島正之)という東亜学園の守備は変わらない。小関は再びバントに備えてダッシュしたが、木内監督の頭にバントはまったくなかった。

　またも打つ仁志。打球は大きく跳ね、投手の頭上を越えてショート前へ。1年生のショート・西村英史が捕球して一塁に送球するが、これが高く浮く悪送球。ボールが一塁側ファウルグラウンドを転々とする間に、一塁走者の島田がタッチをかいくぐり、サヨナラのホームへ飛び込んだ。

「無茶な作戦で突破口を開いてやろうと。都会のチームには無茶もいいんではなかろうかと思いまして。後ろの打線が弱いですから、仁志の一発に期待したんです」

　セオリー通りに動いてくる都会のチームのバントシフトを逆手に取る強気の攻めだっ

た。

「向こうはバントと思い込んだんですね。ですから、そういうところがうまくいったと思ってます。相手の思ってる逆をしないと勝てないんスよ。1アウト二塁で7番、8番では川島君からは点は取れねぇスから。どうしても一、三塁にしたかったんですよ。まぁ、3人打たせれば、確率からいって3割3分3厘だから。誰か打つだろうという計算なんですよ（笑）。2番とかなら送りバントしたと思うんですが」

当時の高校野球といえば、無死一塁は送りバントが定石。ましてサヨナラの走者が出た延長の裏の攻撃となれば、送るのが常道だろう。東亜学園ベンチはバントだと信じて疑わなかった。

「対戦してて、何やってくっかわかんねぇチームが一番嫌なんだよ。こう来るだろうと思ってたのに逆を攻められっとかね。やっぱり、高校生はまだ野球の知識が乏しいですから。要するに、いろんなことをやられっと、向こうの作戦についていけなくなってエラーが出ると。間に合わねぇとこに投げちゃったり、送球すっと、そこに人がいなかったりね。あわてるんですよ」

その一番嫌なことをするのが木内野球。

「相手がバントと思ってるときは打っていく。相手が打ってくると思ってるときはバントする。オレの野球がね、そういう野球なんだよ。相手のファースト、サードが弱いとわかると、そこばっかり攻めるとか。キャッチャーが弱いとわかったら、やたらと盗塁するとかね。相手の弱点につけ込んでいくのがオレの野球なの」

木内監督の理想は、やまびこ打線を率いた池田・蔦文也《つたふみや》監督のようにスタンドを指す「ホームラン」のサインを送って、ベンチで腕組みしながら見守る野球。だが、実際やっているのは真逆。一球ごとにかけひきがある野球だ。

高校卒業後、長く監督を務めたのは進学校の土浦一《つちうら》と元女子校の取手二。木内監督曰《いわ》く、「優勝を目的としない学校」だ。強豪とは戦力に差があるため、「相手の虚を突くBクラスの野球」を自然と身につけた。

「土浦一高や取手二高の場合、正攻法でいくと絶対相手が待ってんですよ。セオリーは嫌いじゃないけど、セオリー通りにしたら負けちゃう。だから裏を突く野球ばかり身につけました。弱小チームが勝つにはそれしかないんですよ。あの時代から見れば、私の野球は邪道だったと思います。セオリー通りにやんないから、負けるとクソミソにけなされんの」

だが、そのBクラスの野球が、Aクラスの常総学院でも使える。

「10年前に使った作戦っていうのが、今でもやれば成功すんですよね。だから野球に古い、新しいはなくて、今もっとも必要な作戦をそこで使うべきだろうと」

セオリーにとらわれない木内野球。相手の虚を突く采配は弱小校の監督経験から生まれたもの。甲子園に出場するまでにかかった28年間の敗戦が、木内マジックの礎《いしずえ》になっている。

「大きいことをやってやる」そのひとことだけで使ったの

相手ベンチが、スタンドがうなった。

ベンチ入り15人中、14人が1、2年生という布陣で甲子園出場を果たした92年夏の茨城県大会決勝・日立工《ひたち》戦のこと。2対2で迎えた8回表の攻撃だった。1死二塁の場面で木内監督が動く。右投げの大友猛に対し、右打者の田中亮に代えて左打者の高谷睦樹《たかやむつき》を送った。

すると、日立工の宮本晴夫監督はすかさず左の坂本真純をマウンドへ。左対左の勝負にもってきた。

だが、木内監督はこの継投策を百も承知。左投手であることを利用して二塁走者の梅野貴正に三盗を命じた。1死三塁になり、木内監督がさらに動く。高谷に代えて右打者の1年生・市川陽介を代打の代打に指名したのだ。日立工・宮本監督は再び右投げの大友猛をマウンドに戻そうとしたが、ルール上、坂本は打者1人を投げ終えなければ交代できない。マウンドで投球練習を始めた大友は審判にライトの守備位置に戻された。

三塁走者を正面に見る右投手とは違い、左投手は三塁に背を向けるかたちでセットポジションに入る。当然、三塁走者はリードがしやすい。しかも、1点を争う終盤の8回。市川を代打に送った時点で木内監督の頭にはスクイズがあった。

「球が低くてね。ちょっと外野飛球が出そうもないんですよ。特に（カウント）2—2あたりから球が低くなってきた。だから打たせてもダメだと。2—2で（スクイズを）やろうかとフッと思ったんですけど、まだ1球外せるゆとりがある。そこで待ったらボールになった。3—2で今度は外せねぇからそこでスクイズをやってみた。監督っていうのは、絶対外されないところを考えなくちゃいけないんです、ハイ」

市川にスクイズを命じた理由は他にもある。

「今まで使ってんのですと、相手にある程度の予備知識がございますから使ってないのを使ってみようと。身体《からだ》もまぁ大きかったから、向こうもバントでくるとは思ってませんでしたから」

1年生であることに加え、この試合まで市川はわずか打数1という打者。相手にはほとんどデータがない。175センチ、70キロと小柄ではなく、いかにもスクイズをしそうな体格でなかったことも利用した。

そしてもうひとつ、スクイズをさせる決め手となった理由がある。それは、夏の県大会前に新聞に載った市川のコメントだった。

「意気込みみたいのを個人が喋《しゃべ》るのがあるでしょうよ。市川のそれを見たんですよ。そしたら、『大きいことをやってやる』ってあったの。それだけで使ったの」

たいていの選手は「完封したい」、「ホームラン打ちたい」など平凡なことを言うもの。そんななか、1年生ながら「大きいことをやってやる」と言った市川の言葉は強く木内監督の印象に残った。それがあったから、重圧がかかる場面でスクイズのサインも躊《ちゅう》躇《ちょ》なく出すことができたのだ。市川が決めたのは、難しいボールだった。

「真ん中低めのスライダー。ちょっとボールだった。ひざをついて、いいスクイズやったなぁと思ってます」

大友進《すすむ》(元西武他)を中心にまとまり、春の県大会を制した大本命・日立工を破る値千金のスクイズ。試合後、相手の宮本監督は「2―2まで気配もなかったので、急にやられるとは思わなかった」と悔しがった。

「甲子園に行くスクイズをやっちゃったからね。大きいことやったっスから。日立工業はバリバリの優勝候補でしたから」

相手監督が驚くサインに市川が戸惑うことがなかったのは、「大きいことをやってやる」という気持ちがあったから。たったひとことのコメントを見逃さなかった木内監督。

マジックと呼ばれる采配には、準備と根拠がある。

目線が相手チームといっしょの高さになると負けちゃうの

「胸を借りて戦いたい」

何気なく使う言葉だが、ときにはこれが子供たちに悪影響を及ぼすことがあると木内監督は言う。93年の夏の甲子園3回戦・鹿児島商工（鹿児島、現樟南《しょうなん》）戦。0対4とリードされながら雨でノーゲームとなって救われたあと、木内監督は選手たちにこんなことを言った。

「オレが3回に1回、向こうが5回に1回なんだから、オレの方が強いんだよ」

相手の桙山智博《はぜやまともひろ》監督が、「（優勝候補の常総学院に勝てるのは）10回に1回」と発言したのを受けての言葉だ（5回に1回と言ったのは木内監督の勘違い）。マスコミ相手に大口を叩《たた》くのはよくないと謙遜したつもりでも、選手たちはそうとらえないことがある。監督の発言した内容を、そのまま鵜呑《うの》みにしてしまうのだ。

「やっぱり、あんまり本音で『胸を借りて』なんてやると、子供ら『ああ、負けんだな。

ウチの方が弱いんだな』と思っちゃう。あれは大人のかけひき上のことだから、そういうものが伝わらねぇ方がいい。『同じ高校生だよ』という話の方がいいんだよ」

その年の春。初戦で平井正史《ひらいまさふみ》（元オリックス他）、橋本将《たすく》（元ロッテ他）という強力バッテリーを擁する優勝候補の宇和島東《うわじまひがし》（愛媛）と当たったとき、木内監督は選手にこう言っている。

「上から見下ろして、負けない野球をやれ」

マスコミはスター選手を好む。連日のように大きく取り上げるため、実力以上に相手を大きく見てしまうことがある。その年の常総学院はスターこそいないが、自分たちも優勝候補。だから、自信を持たせるためにそう言ったのだ。

「野球の試合で負けない方法がひとつだけあんだよ。それは、相手チームを上から見下ろすこと。目線が相手チームといっしょの高さになると負けちゃうの。人間は上から見下ろしてると、いろんなものが見える。それが、目線を平らにすると自分の目の高さしか見えなくなっちゃう。上から見ることによって大勢をつかむことができんだよね。上から見下ろせば精神的なゆとりが生まれんのに、相手と五分の立場に立っちゃうから、焦ったり、エラーしたりすんだよね」

相手を見上げていては、同じ土俵に上がることはできない。それどころか、同じ目線でも見えるものが見えなくなる。それを避けるために、木内監督は無理やりでも上から見下ろせる材料を探す。その典型が、84年夏の甲子園決勝・PL学園戦だ。6月の招待試合では、わずか1安打しか打てず0対13で大敗。木内監督も内心では「勝てっこない」と思いながら、前日のミーティングではこんなことを言った。

「お前らは1年からレギュラーをやってきた3年生。相手は1歳下の2年生だ。兄貴が弟に負けては格好がつかねぇっぺ。水戸（招待試合の会場）ではアメをなめさせたけど、本番では貫禄《かんろく》が違うだろ」

PL学園の投打の柱は桑田真澄、清原和博の2年生コンビ。年下に2度もやられてたまるか。やんちゃな選手が多かった取手二ナインは、これで火がついた。

「ツッパリ精神を刺激して、怒らせようっていう手段だね。PLだからって、相手を怖がるなと。暗示をかけたんだ」

結果は延長10回の末に8対4の勝利。1点リードの9回裏に同点本塁打で追いつかれながらキレなかったのは、下級生に負けたくないという意地だった。実力では劣っていても、必ずどこかに「上から目線」になれる材料がある。それを探し、巧みな言葉で導くのが監督の仕事なのだ。

お前ら、これは芝居なんだから

0対4。敗色濃厚だった。

93年夏の甲子園3回戦・鹿児島商工戦。頼みのエース・倉則彦が初回に3安打を浴びて3失点。さらに4回にも1点を追加されていた。打線も3回を終わってわずか1安打。好投手・福岡真一郎の前にピタリと当たりが止まっていた。

そんなムードを天が救う。4回表、鹿児島商工が1点を追加した直後、試合開始当初には降っていなかった雨が強くなり中断。1時間17分後、降雨ノーゲームが宣告されたのだ。

負け試合が無効になり、ラッキーと思いがちなところで木内監督は選手たちにこう声をかけた。

「お前ら、暗い顔しろ」

リードしていた相手チームに失礼という気持ちがあったのだろう。言葉通り、木内監督自身も暗い顔でベンチ裏に引きあげてきた。お立ち台に上がっても終始うつむいたままだった。

そんな木内監督の芝居をよそにマスコミは11年ぶりとなる降雨コールドゲームを騒ぎ立てる。

「10回に1回勝てるかどうかの相手。その1回が今日でした。こちらの思い通りの試合をしていましたから。明日は向こうも研究してくるでしょうし、こちらとしてはどうしようもないです……」

テレビは残念そうにそう話す鹿児島商工・枦山智博監督の姿をくり返し放送。翌日の新聞も勝ち試合を流された鹿児島商工に同情するものばかりだった。

そんなマスコミ報道を見るうち、最初は芝居のはずだった常総ナインも本当に暗くなってしまった。翌日の再試合のあと、木内監督はこう漏らしている。

「きのうから選手が暗くなっちゃってねぇ。（宿舎から甲子園までの）バスの中もシーンとしてたんですよ」

暗いまま試合に臨んでもよい結果が出るわけがない。試合前、木内監督はこうゲキを飛ばした。

「相手に勝って悪いと思うヤツがいるならやめちまえ」

さらにこう続けた。

「お前ら、これは芝居なんだから。神様が幸運をくれたんだから」

試合後に「暗くしろ」と言ったのは相手を気遣っての建前。本音は木内監督も「ラッキー」と思っていたのだ。

「自分たちのせいで雨が降ったんじゃねぇのに、悪者のような気分になってたんでしょうな」

そんな選手たちに「ラッキー」「もうけもん」という気持ちを思い出させたのだ。

結果は前日に力んで立ち上がりから乱れた倉が、変化球主体に切り替え見事な投球。代打・島田孝のセカンドゴロの間に挙げた虎の子の1点を、4安打シャットアウトで守りきった。

「神様のいたずらかな、と思います」

暗くさせたり、明るくさせたり、やめろと言ったり……。監督には、見えないところでの采配も必要なのだ。

サイン出したふりして出さなかったんスよ

盗塁、エンドラン、スクイズ……。木内采配はどこで何をしかけてくるかわからない

という イメージがある。いつサインが出るのか。一番気にしなければならないのが相手の捕手だろう。木内監督対捕手。その中で木内監督がもっとも警戒した中の1人が93年の夏の甲子園3回戦で対戦した鹿児島商工の2年生・田村恵《けい》（元広島）だった。メガネをかけた風貌から〝古田二世〟といわれていた田村は、そう呼ばれるにふさわしい実力の持ち主でもあった。強肩に加え、インサイドワークにも長《た》けている。木内監督も試合前に「鹿児島の2年生バッテリーにはほれぼれしますねぇ。監督が相手バッテリーに惚《ほ》れてもしょうがねぇんだけど」と評価するほどだった。

0対0で迎えた7回表の常総学院の攻撃。先頭の金子誠《かねこまこと》（元日本ハム）が三塁強襲安打で出た。翌年の夏の甲子園で準優勝投手となる好投手・福岡真一郎相手に常総打線は6回までわずか3安打。雨で4回途中ノーゲームになった前日の試合でも3回を1安打無得点に抑えられている。得点を奪うためにも、〝しかけ〟の必要な場面だった。

打席には4番のスラッガー・根本健志。バントは得意ではない。この試合を含め、田村は相手が試みた3度の盗塁をすべて刺している。盗塁も考えられない。「まともな攻撃はしかけてこない。エンドランをしてくるはず」と読んだ田村は1球ごとにベンチの木内監督のサインをのぞき込んだ。

1球目、2球目と木内監督に動きはない。だが、バッテリーは2球目の前にけん制を2球。さらに明らかにボールとわかる球で様子を見た。3球目、木内監督がやや耳元をさわるとけん制を4球。カウント2―2とエンドランの出しやすいカウントになり、木内監督は胸や腕などをさわってサインを送る。するとバッテリーはけん制を3球したうえにウエスト。3―2のフルカウントになるのを覚悟で勝負をかけてきた。ところが、走者は動かない。結局、勝負球に選んだストレートがワンバウンドになり、根本を歩かせてしまった。

木内監督は次の木村友紀に送りバントのサイン。1死二、三塁となったところで代打・島田孝がファーストのグラブをはじくライナー（記録はセカンドゴロ）。この間に金子が生還して先制した。結局、試合は1対0で終了。常総打線はわずか5安打しか打てず、4連続を含む9三振を奪われたが、無安打で奪ったこの得点が決勝点となった。

「策なんて何も考えてませんでした。田村君がこっちを意識してましたんで、サインを出したふりをして出さなかったんスよ。もっとも私でもあの場面ではいろいろ警戒したでしょうね」

まったくサインを出すそぶりを見せないかと思えば、突然あちこちをさわり出す。それもさわるたびに手の動き、さわる場所を変え、あたかもサインが出ているかのように演じた。優れた観察眼を持つ田村だから、木内監督の動きに敏感だった。その結果、だまされたというわけだ。相手が意識しているからこそ、さらに意識させる。好捕手の田村の実力を利用しての木内采配だった。

ちなみに、木内監督は自らサインを出していないことも多い。そのときは、となりにいるスコアラーや部長にサインを出させていた。98年夏の甲子園・宇和島東戦では、選手たちが3度もサインミスをしておかんむり。思わず口を滑らしそうになっている。

「選手がこっちばかり見るんですよ。私はサインを出してないんですがねぇ。サイン出してる方を見なくっちゃ。誰が出してる？　わかりません（笑）」

こんなことがあるから、逆の立場になった場合、木内監督はいっさい相手ベンチを見ない。自チームの捕手にも見ないように指示している。

「そんなことして、もし見えなかったら困るでしょうよ。それよりも自分の知識で野球をやれと。このカウントならエンドランきそうだな、外してみようとかね。そうやっていつもやってれば野球が成長すんですよ」

相手ベンチを見ない代わりに走者の動きを注意して見る。サインが出た直後は、打者よりも走者の方が不自然な動きをすることが多いからだ。

こんなかけひきもまた〝マジック〟の妙であり、間のスポーツである野球のおもしろさなのだ。

Bクラスは追いついただけじゃダメなの。ひっくり返さないと

格下には、格下なりの戦い方がある。

相手との戦力差を見て、明らかに戦い方を変えるのが木内監督だった。94年春のセンバツ決勝。相手は横浜（神奈川）、宇和島東、PL学園と優勝候補を次々に破った強打の智弁和歌山《ちべんわかやま》（和歌山）。一方の常総学院は前年秋の関東大会でベスト8止まり。滑り込みでセンバツに選ばれたチームで木内監督自身もよもや決勝まで勝ち進むとは考えていなかった。

「ウチは清本《きよもと》があれだけ投げることを考えなければ（出場32校中）30番目以下のチームですからBクラス。智弁はAクラス。勝てるわけないと思ってました」

左腕の笠木伸二、右腕の松野真人の二枚看板を擁する智弁和歌山に対し、常総学院は背番号10ながら初戦から準決勝の8回まで一人で投げてきた右サイドハンドの清本隆治1人。疲労もあり、智弁打線を抑えきるのは難しい。

「（相手投手が）どっちがどうきても3点ぐらいしか取れないだろうという感じですね。

それでいて智弁打線を3点以内に抑える計算は立たない」

1回裏1死一、二塁のチャンスを併殺でつぶした常総学院は、2回裏も1死から金田裕介がセンター前ヒットで出塁する。打席には7番の田原大輔。ここで木内監督はヒッティングを選択するが、田原はショートゴロ（一塁走者二封）。次打者の田中亮にヒットが出たが、9番・投手の清本がセカンドゴロに倒れて無得点に終わった。

「田原のところは玉砕戦法に近いの。本来なら上位打線で2点、下位打線で1点を狙いにいくのがセオリーだかんね。清本が（3安打完封した）1回戦のような出来なら2アウトにしても送らせんだけど、こんときは何点か取られるだろうと。1点取って逃げ切れる相手じゃねぇから、2点取れる可能性のある試合運びを狙ったんだよね」

常総学院は3回裏に2点を先制するが、5回、6回と清本がつかまり5失点。打線も5回から7回まで三者凡退に抑えられた。だが、2対5と劣勢で迎えた8回裏、チャンスが訪れる。先頭の2番・佐久間尚喜が四球で出塁すると、木村友紀がライト前ヒットで続いて無死一、三塁。高谷睦樹のショートゴロの間に三塁走者が生還。一塁走者は二塁で封殺されるが、併殺を狙ったセカンドの送球が悪送球になり、高谷は二塁に進んで1死二塁となった。さらに市川陽介が四球、代打の遠藤篤史がライト前にタイムリーを放って1点差。なおも1死一、三塁のチャンスで田原が打席に入った。

常総の十八番はセーフティースクイズ。ファーストが一塁ベースにつく一、三塁はもっともしかけやすい場面だ。1点差で一、三塁。打者は7番。条件はそろったように思われたが、木内監督が指示したのはヒッティングだった。

「田原にはスクイズは考えてない。Bクラスは追いついただけじゃダメなの。ひっくり返しちゃわないとAクラスのチームは『大変だ』って思わないんだよね。同点なら『別にいいや』って思ってるもんなの」

格上のAクラスのチームは戦力も自信もある。ふりだしに戻ったところで影響はない。このときも清本がベンチに引っ込んでいる常総に対し、智弁はリリーフエースの松野が投げている。智弁和歌山は準決勝まですべて継投で松野のスタミナも問題ない。たとえ延長にもつれ込んだとしても打力のある分、優位は動かない。

一方、逆転されるとなると話は別だ。「普通にやれば勝てる」と思っていた相手にリードを奪われ、さらにそれが8回裏ともなれば残りの攻撃は1イニングのみ。焦りが出てくる。精神状態によって発揮できる力が大きく変わるのが高校生なのだ。

木内監督の強行策は吉と出た。田原はライト前ヒットを放って同点。なおも1死一、二塁と勝ち越しのチャンスが残った。だが、8番の田中はライトフライ。さらに9番の鈴木崇広が打席のとき、二塁走者の遠藤がけん制に刺されて勝ち越しはならなかった。

同点止まりだったのに加え、流れが変わりやすい走塁死。これが相手に勢いを与えてしまう。「あのけん制アウトで勝てるような気がしました。9回の攻撃に入るときの気持ちが全然違いますから」(智弁和歌山・髙嶋《たかしま》仁《ひとし》監督)。結局、9回表に2点を奪われ万事休した。

番狂わせこそならなかったが、木内監督の明確な意図は見て取れる。3点以内の試合にはならないと読んでの強行策。Aクラスのチームの心理を考えての逆転を狙う采配。いつも同じではない。変幻自在にBクラスならBクラスなりの野球ができるのが、木内マジックたるゆえんなのだ。

いいピッチャーほど、バントをやらせようと思っていい球がくるもんなんですよ

同点の延長10回裏、無死一塁。

誰もが送りバントと思う状況で強攻策を命じ、サヨナラ勝ちをつかんだ87年夏の準決勝・東亜学園戦。打たせたのには、相手の虚を突く以外の理由もある。それは、相手投手が川島堅だったということだ。

その年のドラフトで広島から1位指名を受ける川島は140キロを超えるストレートが持ち味。西東京大会で61イニングを投げて61奪三振と抜群の球威を誇った。だが、何

よりも優れていたのが制球力。西東京大会は10四死球で1試合平均1・5個という少なさだった。コントロールのよさは甲子園で磨きがかかり、1回戦から3回戦まですべて無四死球。準々決勝の8回に四球を出すまで34回連続無四死球という記録をつくるほどだった。

「いいピッチャーほど、バントをやらせようと思っていい球が来るもんなんですよ」

制球力があるということは、ストライクが来るということ。しかもバントをやらせようとするため、通常よりも球威は落ちる。そこを木内監督は狙ったのだ。

これと同じ戦法で同じようにサヨナラ勝ちを収めた試合がある。01年センバツの準決勝・関西創価《かんさいそうか》（大阪）戦だ。

1対1で迎えた延長10回裏。無死から出頭大祐がバント安打で出塁し、打席には7番の横川史学《よこがわふみのり》（元巨人）。送りバントが予想されたが、木内監督の指示は「打て」だった。その理由を、木内監督はこう説明する。

「バントを警戒してくるからストレートが来るというように読んだんです。速い球でファウルさせにね。（横川は）今日2安打打ってまして、この子は今日ラッキーボーイだなぁと思ったもんですから。バントしても点にならんだろうというような感じがあって、打たせたのが当たったと。野球は怖いスね。1球で変わっちゃいますから」

関西創価の投手はこれまた大会屈指の右腕と言われた野間口貴彦《のまぐちたかひこ》（元巨人）。8回に同点に追いつくまでは3安打に抑えられていた。野間口も140キロを超える速球が武器。準々決勝までの3試合でわずか4四球と制球力も抜群だった。

横川への初球は木内監督の読み通りのストレート。だが、横川は見送ってストライク。そして、2球目。「バントしてくると思った」という野間口の球は内角寄りの甘いコースへ。これを横川が叩いて右中間への三塁打。一塁走者の出頭が還《かえ》ってサヨナラ勝ちとなった。

「バントを想定してくるからストレートが来るだろうと読んだんですが、その通り来まして。ストレートなら長打はあると思ってました」

お立ち台で木内監督はそう言ったが、横川が打ったのはスライダー。実は、これも狙い通りだった。取手二が優勝したときのセカンドで、当時コーチを務めていた佐々木力は言う。

「ストレートの次はスライダー、バントの構えをすると抜くというデータがあったんです。野間口はバントと決めつけて入った。一瞬のスキだったですよね」

打った横川も「野間口さんは同じ球種を続けないんで、スライダーを狙ってました」と言っていた。してやったり、の攻撃だった。

不思議なことに、この2試合には共通点が多い。準決勝であること。相手が右の本格派で制球力のある投手であること。常総学院が同点に追いついたのが8回であること。

サヨナラ打が出たのが1対1の延長10回裏無死一塁であること。打者が打ったのが2球目であること。

87年から14年を経た01年にまったく同じ作戦でサヨナラ勝ち。好投手の習性が変わらないことを示したと同時に、木内監督の言う「10年前の作戦は今も使える」というのを証明した試合でもあった。

なんでもあがりだと認めろ。そうすれば早く下りられんだよ

甲子園での最大の敵である「緊張」。

木内監督は「緊張する」よりも「あがる」と言うことが多い。今も昔も高校生である選手たちがあがることに変わりはないが、近年は自分があがっているのを認めようとしない選手が増えてきた。

とんでもないボール球に手を出し、「お前、あがってるだろ」と訊《き》いても「いえ、あがってません。ちょっと気負っただけです」と言う。なんでもないゴロを悪送球し、「お前、あがってるだろ」と訊いても、「いえ、あがってません。ちょっと力んだだけで

す」と言う。気負いや力みがあがりの一種であることに気づいていない。

だから、木内監督は口を酸っぱくして言う。

「なんでもあがりだと認めろ。そうすれば、早く下りられんだよ」

明らかに緊張しているのに、「緊張していない」と言い張る人が一番危ない。緊張をほぐし、平常心に戻るためには、まずは緊張している自分を認める、受け入れることが第一歩になる。それがわかっているから、木内監督は、あがりを自覚させるためのサインをつくっていた。あがっている選手は、ベンチの監督を見て、人さし指を上に向ける。たったそれだけのシンプルなものだが、あがってふわふわした状態にあることを自覚した選手は、不思議と地に足を着けることができる。

「甲子園に来て初戦っていうのは、あがりとの勝負なんですよ。大会の番狂わせは、初戦で起こる可能性が高い。それは選手が大会の雰囲気になじまないからなの。だから、いかに普段着の野球をできるか。普段着の野球をやんのが一番難しいんだよ。やっぱり、甲子園には『勝ってくれ』と送られて出てくんだから。あれだけのお客さんに見てもらって、ワンワンとこだまする球場でね、テレビに映りながら野球やると思ってあがんねぇのはうそなんだよ。ホントはあがってんの、誰でも」

まだ甲子園経験の少なかった頃には、木内監督も失敗をしている。誰があがっていて、誰があがっていないのかの見分けができなかった。

「あがってますって看板かけてくれればわかんだけど（笑）、ニコニコしながら笑ってあがっちゃってんのがいんだから」

あがっていない「働く選手」にバントをさせ、あがっている「働かねぇ選手」に打たせてしまったこともある。誰があがっているか見極めるまで2試合程度かかっていた。

だが、経験を積んだ晩年は見極めができるようになった。試合前から準備ができていた。

「もう誰があがるかってのは戦う前からわかってんの。それだけマークしてりゃいいのよ」

03年夏の要注意選手はレギュラーで唯一の2年生・泉田正仁。もっともあがりが心配される初戦の4回裏、木内監督は泉田の〝あがり度〟をテストしている。2死から死球で出塁した泉田に、次打者のカウント2―2から盗塁〝もどき〟のサインを送った。

「ちょっとまぎらわしいとこさわったの。間違うかなぁと思って。平常心でできてっかどうかってことを見たいから。ここは間違ってもいいかなっていう場面だったスから。そうしたら間違えました、やっぱり」

他の選手たちは「お前、あがってるだろ」「うん、あがってる」と言い合っていた。

「そう言ってれば大丈夫」と木内監督が言うように、あがりを自覚していた選手たちは初戦の接戦でも、変な気負いもなく冷静に戦うことができた。

あがりから下りるには、まずはあがっている自分を自覚し、受け入れることから。そして、力みも気負いもあがりの一種だと知ること。たったそれだけで、あがりという大敵を退治できるのだ。

目測誤ってもよろしい。エラーも2個はOK、ピッチャーには自分がフォアボールを出したと思えと指示しました

野球は流れのスポーツだ。

では、流れはいつ変わるのか。それは、心理が変わるときだ。わかりやすいのはエラー。アウトだと思ったのがセーフになるのだから、がっかりする。そのがっかり感が負の連鎖を呼ぶのだ。

だから木内監督は、ミスが起きそうな試合では準備をする。03年夏の甲子園1回戦・柳ヶ浦戦では、試合前、選手たちにこんなことを言った。

「目測誤ってもよろしい。エラーも2個はOK」

この試合はミスが出そうな条件がそろっていた。まずは、初戦であること。甲子園常連校で2年連続出場の常総学院とはいえ、前年の甲子園を経験しているのは7人。スタ

メンのうち4人が甲子園で初めての試合だった。慣れていないことに加え、緊張感もある。

さらに、この試合は第4試合だった。

「第3、第4（試合）ってのは少しグラウンドが荒れますんでねぇ。ですから非常に内野が難しいと」

阪神園芸が入念にグラウンド整備をするが、1日に4試合も消化するため限界がある。多少のイレギュラーは想定しておかなければいけない。

「したがって、ピッチャーには、エラーが出てもがっかりすんじゃない。自分がフォアボールを出したと思えと。今までエラーしないで来たんで、ポンと打球が飛べば『ああ打ち取った』と思いがちなんですよ。今までそういうリズムで来ましたから。ところが、ここはそういうグラウンドじゃなくて、内野手にとって非常に運、不運のある球場。慣れてもいない。（試合数を）いくつかやんないと」

不慣れは外野手にも影響する。大会前に30分の甲子園練習はあるが、開放されるスタンドはネット裏のみで観客はほとんどいない。ところが、試合になると人が多いうえに夏は白色の服装が多く、白球と重なって見えにくいこともある。第4試合のため、ナイターになればこれまた不慣れ。照明に灯が入った直後は薄暮になって見えにくい状態にもなる。

「外野はフライの出どころが非常に難しい。外野へのゴロが行けば、これはやさしい。(芝生が)じゅうたんみたいなもんですからね。ただ、フライが見えない。いくら公開練習やったって、お客さんが入ってないところでやんですから。バック(スタンド)が動いてるなんてなかったでしょ。今回はそれがありますから」

さらに、この日は観客席から飛んだビニール袋がグラウンド内に入ってしまうほどの強風。いつも以上に浜風がライトからレフトへボールを押していた。おまけに相手の柳ヶ浦はプロ注目の4番・吉良俊則《きらとしのり》(元オリックス)を中心とする強力打線だった。強い打球が多くなり、守備陣にはプレッシャーがかかる。それがわかっているから、木内監督は心の準備をさせたのだ。

「フォアボール2個、エラー2個、外野の目測誤りが1個。この5個はしょうがねぇんだと。エラーが出たら、自分がフォアボールを出したと思えとピッチャーには話しました」

茨城県大会は6試合で2失策と守備に自信を持つチーム。エラーがなくて当然と思っているからこそ、あえてミスが出るのを前提にさせたのだ。

結果的にこの試合のエラーは1個。8回無死からのエラーでピンチを招いたセカンドの井上翔太は、ひとつミスをしたことで開き直ったのか、1点リードの9回2死一塁の場面でセンター前に抜けそうな打球を好捕。「最後はオレのところに来いって、打球を呼んでました」と積極性を失わなかった。また、7回には平凡な打球に見えた左中間への当たりが強風に流されてタイムリー二塁打になる不運があったが、左腕・磯部洋輝は落ち着いて後続を断っている。

木内監督は「（相手）打線が強いからエラーすんなよって言っちゃったら、かえってエラーするんじゃなかろうかと思うんですよ」と笑っていたが、すべては心の準備ができていたから。ミスを覚悟し、想定内にしていたことがミスを最小限にとどめ、ミスの連鎖を防いだ。

当てねえで振り回せ

近年はフルスイングをする選手が増えたが、木内監督が監督をしていた時代はそうではなかった。当時は「フライを打つな。ゴロを転がせ」という指導が一般的。理由は、フライは野手が捕球するひとつのプレーで完了するのに対し、ゴロは野手が捕球、送球し、さらにその送球を捕球するという3つのプレーが要求されるため、ミスが起こる可能性が高いからだ。

ところが、木内監督はそれとは真逆の「当てねぇで振り回せ」と指示した。03年夏の甲子園1回戦の柳ヶ浦戦でのことだ。

常総学院は49代表校中3位の打率4割2分2厘を誇る強力打線。だが、この日は柳ヶ浦の左腕・中田遊哉の前に4回までわずか1安打のみ。4回まで12アウト中、三振、盗塁死、けん制死を除く9個のアウトすべてが内野ゴロだった。

中田は身長168センチと小柄。角度があるわけではない。球速も最速で131キロと速いわけではない。オーソドックスな左投手だった。打てそうに見えるのに、バットの芯に当たらない。とらえたと思うとゴロになる。

それは、なぜなのか。

実は中田は「打とうとした瞬間に沈むような感じがあって抜けてしまう」（木内監督）、いわゆるクセ球を操っていた。バットには当たるが、ボールの上っ面を叩いてしまうために打球が上がらない。ヒットが出ない常総打線はスイングが小さくなり、当てにいく打撃になってしまっていた。

「打ちにくくはないって言うんですよ。でも、当てすぎてる。ボールがベース板の上で沈み気味なんで、当てっとみんな内野ゴロですから」

見かねた木内監督は4回の攻撃中、「当てねぇで振り回せ」と言った。これには思い切りのいいスイングを取り戻させる狙いとともに、「風もあるんだし、（フライでも）何が起こるかわからない」という読みもあった。実際、この日はセンターフライと思われた柳ヶ浦の4番・吉良俊則の打球が左中間に流されて二塁打になったように、右から左への強い浜風が吹いていた。

「すくい上げて、振り回せ。風を味方につけろと。振り回せと言って、少し思い切りよくしようってことだね。長打一発打って、得点に結びつけないといけないかなと」

指示が出た直後の5回裏。先頭の4番・坂克彦《さかかつひこ》（元阪神他）はこの日初めてのフライとなるセンターフライを打つ。5番の松林康徳がレフトへ打ち上げた打球は二塁打となりチャンス到来。続く大崎大二朗の当たりはサードの横っ飛びに阻まれるが、吉原皓史が死球のあと、8番の井上翔太がライナーでレフト線を破る先制の2点二塁打を放った。

「振り回せ」のたったひとことが、常総本来の打撃を呼び戻したのだ。

「（4回までは）『待ってました』っていうスイングじゃなくて、『あ、来た』って感じの、気のないスイングなんですよ。やっぱり、『待ってました』で打たないといいスイングできないんスよ。内野ゴロでエラーが出るって言うけど、エラーしない。みなさんはゴロ、ゴロって言うけど、フライ上げてもゴロ打っても、おんなじ。ホント言うとね」

ゴロを打つかフライを打つかが大事ではなく、自分のスイング、思い切りのいいスイングができるかどうかが大事。フライがダメという時代に平気でそんな指示ができてしまうところが、木内監督のすごさなのだ。

強さじゃない、ツキなんです

思い切った継投策。これは木内マジックの特徴でもある。

03年夏の甲子園2回戦・智弁和歌山戦。2対2で迎えた5回表、無死から2人の走者を出したところで、木内監督は投手を磯部から飯島秀明に交代した。

エースの磯部は初戦の柳ヶ浦戦で7回2死まで無安打に抑える1失点完投。一方の飯島は前年のエースながら故障で茨城県大会はわずか1回3分の1しか投げていない。試合前に木内監督が「飯島には感じるものがない。去年の飯島なら先発させてます」と言う状態だった。試合後は、当然、継投策に関する質問が殺到した。

「磯部はつかなすぎました。野球には運っていうのが必要でね。いい当たりではないんですが、いないところに打球が飛んでってしまう。バントしたのが地面すれすれでグラブに入ってこぼれる。非常にツキのないピッチングをしてるなぁと思ったもんですから」

磯部の許した走者はいずれも内野安打。どちらも打ち取った当たりだった。1本目はセカンドへのポテンヒット。2本目はフライになったバントに捕手の大崎が飛びつき、ミットに当ててこぼしたものだった。

「つく、つかないじゃいけないんでしょうけど。これが監督の勘なんですが、ひとつ飯島に託してみようかと」

野球は心理のスポーツ。不運な安打、プレーは流れを失う原因となる。木内監督はこれを恐れた。

「点数はウチが勝ってたんですけど、試合の流れは向こうが押せ押せだった。そんな意味で、早めに流れを変えたいと。やはり流れっていうものをね、今の子たちには大事にしてやらないと。昔の子と違いますんで。そのへんのところを見て、『いかん!』という流れなんで、もう一回その流れを変えてみようということですね」

現代っ子は精神的に弱い。子供の頃から怒られる経験が少ないのに加え、100本ダッシュ、1000本ノックのように量をこなす練習の経験もない。耐える経験が少ないから苦しい場面でもろさが出る。理不尽を知らないから想定外のことが起きるとパニックになる。一度負けパターンに入るとガタガタと崩れ、途中で踏みとどまることができない。だから、高校生の試合はビッグイニングが多くなる。

茨城県大会の成績を見る限り、賭けのように思えた継投は見事成功。飯島は無死一、二塁のピンチを無失点で切り抜け、流れを常総学院に呼び戻した。流れを得た常総は、その裏に勝ち越しの2点を挙げている。

この例に限らず、木内監督はしばしば「運、不運」を口にする。それだけツキを重視していた証拠だ。同じ大会の1回戦・柳ヶ浦戦でもツキを強調した。

2対1と常総学院の1点リードで迎えた8回表の柳ヶ浦の攻撃。1死二塁と一打同点の場面で木内監督は外野手に前進守備の指示を出した。攻撃はまだ2イニングある。セオリーなら同点OKで、逆転だけは避ける場面。単打はやむなし、長打を避けるために外野を深く守らせてもおかしくない。木内監督はあえてそうせず、勝負に出た。

ところが、肩に自信のあるセンターの泉田は定位置のまま動かない。木内監督はベンチから立ち上がって、何度も泉田に前に来るように合図を送った。

その直後。8番・渡辺真悟の打球は高いバウンドで投手の頭の上を越えてセンターの前へ。前進していた泉田のちょうど前に転がり、ストライク返球で本塁タッチアウト。同点のピンチを防いだ。

「あそこは一種の賭けなんですよ。前を守ってて、足がある、肩があるヤツのところに（打球が）飛んでいったと。あれは泉田じゃなきゃ殺せねぇかなと思います。あれが肩の一番悪いヤツのところにいくとセーフになんですけど。勝つってときはそんなもんです。負けるときってのは前に出すと頭越されっちゃうから。こっちがツイてた。向こうがツイてないというだけでね。野球は紙一重。運、不運ですね。強さじゃない、ツキなんです」

ツキも実力のうち。

では、ツキを呼ぶにはどうしたらよいのだろうか。

「自分が信じる戦法でいく。これしかないね」

まるで芯に当たってないバッターが出ていくと、ピッチャーってのはいいコースにストライクが入るもんなの。打たれる心配がないから

早めのしかけだった。

03年夏の甲子園2回戦・智弁和歌山戦。5回裏2死二、三塁の場面で木内監督が動いた。1回戦で決勝打を放っている井上翔太に代えて、代打に上田博司を送ったのだ。

180センチ、77キロと大柄な上田は、茨城県大会では2試合に出場して1打数0安打3四死球という選手。2対2の中盤という展開で勝負をかけるにはまだ早いと思われたが、木内監督にはしっかりと起用した根拠があった。

左投手の滝谷陣と左打者の井上。左対左ということもある。この試合の井上は第1打

席がサードゴロ、第2打席がピッチャーゴロと打てる気配がまるでなかった。

「相手のピッチャーに安心して放られっちゃうから。要するに2回ともまるで芯に当たってませんからね。そういうバッターが出ていくと、ピッチャーってのはいいコースにストライクが入るもんなの。打たれる心配がないから。これじゃ、まずいということで右のデカいのを出してみたんですよ」

滝谷は智弁和歌山で1年生からベンチ入り。その後、近畿大学を経て社会人で10年間プレーした好投手。下位打者の井上に対し、見下ろして投げられれば手も足も出ない。木内監督はそう判断した。相手の心理を揺さぶるために、大柄でいかにもパワーがありそうな右打者を送ったのだ。

「少しコーナーに散らしすぎてフォアボールでも出してくんねぇかなぁと思いまして。元4番ですから」

上田はカウント2―1からの内角ストレートを強振したものの、平凡なピッチャーゴロ。代打策実らず、と思われた。ところが、捕球した滝谷が一塁へまさかの悪送球。ボールがファウルグラウンドを転々とする間に2人の走者が還った。

「代えたことで、打ち取って、いくらかホッとして暴投かなって気もすんですよ。あのバッター（井上）だったら（打ち取って）当然だから、きっと暴投しなかったんじゃなかろうかと。そんなふうに解釈してます」

代打を出し、精神面を揺さぶったことで相手のミスを誘ったのだと木内監督は言う。実際、試合後の滝谷はこんなコメントを残している。

「絶対にバッターを抑えるという気持ちが強すぎて、打ち取ったあとに気の緩みが出てしまったんだと思います」

ただ、こう解釈できるのは木内監督だからという面が大きい。試合のたびにマスコミが〝木内マジック〟と取り上げるのは子供たちの耳にも入る。常総学院と対戦する相手が「マジックなんてない。監督が野球をやるわけじゃない」と言っているのを何度も聞いたが、そう言っている時点で意識しているということ。「木内監督が何かやってきた」というだけで効果があるのだ。

いかに相手の心理を揺さぶるか。気持ちよくプレーをさせないために動く。そのポイントを木内監督は心得ていた。

勝ちパターンに入ったら、しゃにむに勝ちにいく。これが監督の仕事だかんね

ゲームプランを変更できる。それが木内監督の強みだ。

前日の夜に入念に試合のシミュレーションを行うが、監督の思った以上にうまくいくこともあれば、その反対もある。

03年夏の甲子園2回戦・智弁和歌山戦。試合前、木内監督はこう言っていた。

「5、6点勝負。5点の上を取った方が勝ちなんじゃねぇスかね。私らが5点取れるっていうんじゃないですよ。それぐらいは点数を覚悟しなきゃなんねぇから」

ある程度の失点は覚悟している。だから、点を取っても取られてもじたばたしない。そう決めていた。

「5回ぐらいまでは高みの見物。生徒同士の戦いを見させてもらって、こっちが点数が少なければ打線に活を入れていくような選手交代があるだろうし、こっちが勝ってれば、積み重ねの点を必要としていくだろうし、そこらへんから動くんで。まぁ、甲子園ってのは初戦以外はだいたい5回まで野球観れんです。5回までに子供たちが勝ってる、負けてるで監督が動き出す。初回からとは考えていません」

ところが、試合が始まると言葉とは裏腹に5回までに送りバント3つ。エンドランもしかけるなど積極的にサインを出した。5回には早くも代打を送っている。

「今日はバントやるまいと思ったんです。子供らにもバントやらないよって言ったんです。今日はバントなしで戦おうと。要するに6点目標だったもんですから、バントで送って1点取ってもしょうがねぇだろうということだったんですが。初回に入っちゃったでしょうよ。それで欲が出てバントやった。今度は積み重ねで1点ずつ4回取りゃいいわけですから。意思と反してバントやるはめになりました」

この試合は初回からツキがあった。1回一死から2番・泉田のゴロを投手の滝谷がはじいて安打にすると、続く坂のサードゴロで併殺を狙った三塁手・森川隆宏の送球を二塁手の堂浦大輔が後逸して二、三塁。2死後、吉原のライト前ヒットで二塁走者の坂は三塁で止まったが（三塁走者は生還）、ライトの山崎宏員が本塁に悪送球して坂が再スタート。2点が入った。

4回表に同点とされるが、5回裏には2死二、三塁の場面で代打・上田博司のピッチャーゴロを滝谷が一塁に悪送球して2点勝ち越し。4対2となった。試合後、「もし相手のエラーがなかったら」と問われた木内監督は、強い口調でこう言った。

「野球はあったからあったの。あの点が入ったら勝つことを考えんの。やる方が悪い、これはね。ただでもらったんだから、その点を活かさなくちゃ。これが監督の仕事なんですよ。プロだってエラーすんだから、そのエラーに乗じて、勝たなきゃダメなんですよ」

うれしい誤算により得点が入ったことで、「静」が「動」になった。ゲームプランが変わったのだ。序盤からバントを多用したのは、勝ちパターンに入ったから。ツキも流れもこちらに来た以上、勝ちを逃すわけにはいかない。結果的にやるつもりのなかった送りバントは6つを数え、半分の3つが得点につながった。

「どうしたら勝てるのかを監督は考えますから。勝ちパターンに入ったらしゃにむに勝ちにいく。これが監督の仕事だかんね。2点取って、これは勝ちパターンだから勝たなくちゃいかん。相手に名を成さしめるだけだから。あの試合を逆転勝ちさせりゃあね」

シミュレーションによる入念な準備と臨機応変なゲームプランの変更。これも「何点勝負になる」という具体的なイメージができているからできること。

「守備のベストでスタートしてますからね。打者のベストでチームをスタートしてるわけじゃありませんから。少し追いかけるパターンになったら、ベストのバッターをつぎ込んでいく。守備をおろそかにしても……、ということになるんですがね」

最悪も頭に入れたうえで目の前の状況に対応していく。

「流れによって変わるんですよ。だから必ずしも言ったこととやったこととでうそつきではない。みなさんから見っとそう見えるんですけどね。勝ちパターンに入ったら必死になって勝つ努力をしてやんなきゃなんない。勝てそうなゲームで負けると子供が泣くんですよ、ものすごく。やっぱり勝てる試合は勝ってやんないと。それが監督の仕事なんですよ」

点の取られ方が悪いときは、なかなか自分のペースに野球が来ないもんなんですね

9回表1死満塁。土壇場でハラハラする場面だというのに、木内監督は冷静だった。03年夏の甲子園2回戦・智弁和歌山戦。3点リードの常総学院は本塁打が出れば逆転のピンチを迎えた。打席にはこの試合2安打、前の打席では三塁打を放っている4番の本田将章。逆転を期待するファンの声援で、甲子園は揺れていた。

だが、木内監督はどっしりしていた。余裕すらあった。

「智弁さんは点の取られ方が悪かったんですよ。ああいう点の取られ方が悪いときは、なかなか自分のペースに野球が来ないもんなんですね。ですから、髙嶋（仁、当時の智弁和歌山監督）さんも『これでひっくり返る』って信じるところまではいかなかったんじゃないかと。私でも信じられませんから」

和歌山県大会5試合で5失策の智弁和歌山はこの試合でミスを連発。3失策を犯していた。1回にはセカンドの堂浦大輔がサードからの送球を後逸、さらにライトの山崎宏員が本塁へ悪送球。5回にはピッチャーゴロを捕球した滝谷陣が、一塁へまさかの大暴

投をしていた。

すべてが失点につながり、先発の滝谷は5失点中、自責点は1点だけだった。ミスをすれば流れは悪くなる。そのミスが失点につながれば、さらに悪い流れになる。ミスの連鎖による負のオーラはそう簡単に一掃できない。木内監督が楽観していた根拠はそこにあった。事実、本田はワンバウンドのボール球を空振りして三振。5番の山崎もファーストフライに倒れ、木内監督の予想通りの結果になった。

「ウチはエラーをすると点を取られる。バントも決まらなくなる。負けるときはこんなもんです」（髙嶋監督）

こんな経験を何度もしているから、木内監督は相手にミスが出たとき、もらった走者が出たときは徹底した厳しい攻めで得点を奪いにいく。

この姿勢は、昔から徹底していた。93年センバツ2回戦。相手は大会ナンバーワンといわれた剛腕・平井正史を擁する宇和島東だった。3回表に1点を先制した直後、2死から金子誠がサードのエラーで出塁した。すると、すかさず4番の根本にヒットエンドランのサイン。根本は甘い球を見逃さず、左中間に二塁打を放って追加点を奪った。この場面を当時コーチを務めていた佐々木力はこう振り返る。

「1球で1点になったわけですよね。2アウトから長打を狙うボールがきちんと監督にはセッティングされてて、それを打った。好投手からいとも簡単に点を取る。すごく焼きついてます」

その年の夏の甲子園2回戦・近大付（大阪）戦では2回裏、先頭打者が四球で出塁するとしかけた。5番の木村がカウント2―0から140キロ中盤の速球を投げる金城《きんじよう》龍彦《たつひこ》（元横浜他）のストレートをバスターエンドランでライト前へ運んで一、三塁。ここから、高谷、市川に連続でスクイズのサインを出している（ともに失敗も2死後に倉の二塁打で2点）。もらった走者は何が何でも点を取るという気持ちが表れた采配だった。

10年後の03年夏。3回戦の静岡（静岡）戦でも得点を奪いにいった。2回には振り逃げで出た走者を走らせ、暴投で三塁に進むとすかさずスクイズ。3回には四球で出た走者を確実に送り、ボークと暴投で追加点。さらに振り逃げで出た走者が三進すると、一塁走者との間でダブルスチールをしかけて成功した。

「むこうがくれたチャンスですから、『いただいた』というスクイズです。そういう点の取られ方はダメージが大きい。ミスが大ミスになっちゃうんですよ。ミスしても点数にしなければ、そのミスは消えるんですがね、記録上だけで。点につながるミスは子供たちに与える影響が非常に大きい。ですからそういう選手は非常にヒットも打ちにくくなっちゃうんですよ。そんな意味で、もらったチャンスは絶対に生かすという感覚でやってます」

相手のミスによる得点は、流れをこちらに呼べるのはもちろん、同じ1点でもダメージを2倍にも3倍にもすることができる。だから、同じ走者一塁でもヒットで出た走者か、ミスでもらった走者かで作戦を変えるのだ。

「相手のエラーでサードに行ったら、次の場面の第1球でスクイズすんのがオレの野球。エラーとかフォアボールで出たランナーをホームに迎え入れた方が相手ベンチにはダメージが大きいの。オレはいつもそういうランナーを狙ってエンドランをかけたりして、相手チームに戦意喪失させせんだよ」

もらったチャンスは絶対に生かす。ミスを大ミスにさせる。勝負所を知っているからこそ、木内野球は勝てるのだ。

誰も失敗しないから誰もができると思い込んでる。これが大事なことだねぇ

地面すれすれの球だった。

03年夏の甲子園3回戦の静岡戦。0対0で迎えた2回裏。木内監督はカウント2―2から7番の井上にスクイズのサインを出した。左打者の足もとにくる右投手のスライダ

ー。見逃せばボールになるワンバウンドしそうな球に対し、井上はお尻が地面につくほどしゃがみこんで、ほとんど座った状態でバントした。打球は投手の前に転がり、スクイズ成功。常総学院は貴重な先制点を挙げた。

ベンチの木内監督には当たり前のようにバントしたと映ったようだが、翌朝、新聞に載った写真を見て驚いた。

「当たり前のようにバントしたと思ったんです。それが、写真を見たらすげぇかたちなんですよ。もっと簡単な球をオレはやらしたつもりだったんですが。地面につくような低い球を両ひざが地面についてやったと。座ったから目が近くなったからできんで、あれ、手だけ下ろしちゃできないですから。あれはああいうふうに教えてるんですけど。あー、こんな難しかったのかと。ですから井上をほめました」

この試合で先発し、6回3分の1を無失点と好投した仁平翔がもう一度投げたいかと尋ねられ、「最後にほめられたいんで投げたいっすね。まだ一度もほめられたことないんで」と言ったように、木内監督は選手をあまりほめない。そんな監督が他の選手たちの前で井上をほめたことで、他の選手にも効果が出た。

翌日の準々決勝の鳥栖《とす》商(佐賀)戦。6回に左打者の大崎が決めたスクイズは、左腕・重野倫基の外角低めに逃げていくカーブ。これまた地面すれすれの球に飛びつき、右ひざをつきながらほとんど右腕一本でバントしたものだった。

「井上をほめたことが大崎にも活きたということですね。ほめたことによって、大崎が学習したということでしょうね」

大崎も手だけでバントしにいっていない。木内監督が一番バントしにくいと言う「遠めの低めの落ちる球」に対し、身体ごと沈み込んで、目の高さをなるべくボールに近づけるという井上と同じ動きをしていた。

「(このチームは)バントがうまいわけじゃないんスよ、ホントは。そんなうまいわけじゃないんスが、誰も失敗しないから誰もができると思い込んでる。これが大事なことだねぇ。当人たちがバントの心配をしてない。そういうときは大丈夫なんだよ。誰かが痛いところで失敗すっと、それが次のバッターに影響すんの。オレもやんじゃんべっていう不安感。県大会なんかだって、ひとつ失敗すると3回ぐらい続けて送れないってことが出てくるんですから」

このスクイズを含め、鳥栖商戦で常総は4つのバントを決めている。驚くべきことに4つすべてが一発成功。失敗どころか、ファウルにしたものすらない。1回戦からの通算でも13回成功して失敗はゼロ。成功前のファウルが2球あるだけだ。

成功の場面しか見ていないから、自然と頭の中にいいイメージができる。「あいつができたんだから、オレも」と前向きになる。さらに、木内監督にほめられたという自信。この2つが合わさって、常総ナインは「バントは心配ない」と思うことができた。

そういえば、決勝戦のあと、木内監督はこんなことも言っていた。3回裏無死二塁で救援した飯島が、ピンチを脱し、9回まで7イニングを無失点に抑えたことについてだ。

「飯島は2回戦で1点取られただけで、そのあとは1点もやってないかんね。ランナーを出しても、オレも（点を）取られないと思ってるし、本人はもっと取られないと思ってる。人間、そういうときは強いよ」

やはり高校生。最後は、技術よりも気持ちなのだ。

肩のいいキャッチャーってのは、やっぱりその肩のよさを利用するっていうかね。そういうやり方は野球に存在するんですよ

ともに140キロ近い速球を持つ鶴田健太、増井達哉の両右腕。常総打線がやや苦手とする左腕の川口盛外《たけと》（元広島）。03年夏の甲子園3回戦の静岡戦。質量ともに豊富な静岡投手陣を木内監督は警戒していた。

心配していた通り、打線は打ちあぐねる。相手のミスで3点は奪ったものの、先発の鶴田の前に5回までわずか1安打。「球速あってね。あんな練習してないもん。ウチにいないもん、あんな速い球投げんの。そんでコーナーにしか投げないんですから」と木

内監督も苦笑いでふり返らざるをえないほど抑え込まれた。

だが、「打てないときは機動力野球をやる」のが木内野球。そのときのための準備はできていた。木内監督がターゲットにしたのは捕手の青池悠五。1、2回戦でともに盗塁を刺している強肩だが、捕手になってまだ4か月しかたっていなかった。

「キャッチャーがですね、新しくキャッチャーになった人らしいんですよ。ですから、スキはそこにあるというふうに見ました。攻撃目標をキャッチャーに絞ったんスよ」

青池は2回、3回に鶴田の鋭く落ちるスライダーを止めきれず振り逃げにし、経験の浅さを露呈する。3回の2度目の振り逃げの直後だった。2死一、三塁の場面で木内監督が動く。一塁走者が先にスタートし、三塁走者がそれに続くダブルスチールだ。木内野球には珍しくない作戦だけに相手も予想できたはずだが、木内監督には成功する自信があった。

「ちょっとキャッチャーを刺激してみたんですけど、うまくいきました。あれだけ肩のいいキャッチャーってのは、やっぱりその肩のよさを利用するっていうかね。そういうやり方は野球に存在するんですよ。絶対投げてくると思ってましたから」

すでに2死。打者は前の打席で三振している吉原ということを考えれば、二塁には送球せず、一塁走者だけを走らせて二、三塁にする手もあった。

だが、経験の浅い青池にそこまで考える余裕はない。一塁走者がスタートした時点で、

「ここが見せ場」とばかり思い切り二塁に送球した。ボールはベースカバーに入ったセカンド、ショートがともに捕れずセンターへ。三塁走者は悠々と生還した。

「センターに抜けたからこちらがしかけたことが見えなくなっちゃったけど、実際はあれ、しかけです」

木内監督には、悪送球がなくても点は取れていた自信があった。肩がいい捕手は、刺す自信があるから必ず二塁に送球する。投手がカットする球を投げたり、偽投して三塁に送球するようなことはしない。だから、三塁走者は思い切ってスタートが切れる。実際、このときも三塁走者はいいスタートが切れていたし、一塁走者も一、二塁間の途中で止まる準備はできていた。

「やっぱり静岡の投手陣は打ち崩せないだろうということで。そういう点の取り方をしてリード面、打撃面に狂いを生じさせないと」

手ごわい投手と見るや、標的を捕手に変える。強肩だから走らないのではなく、強肩だからこそ使える戦法を探す。柔軟な視点と打てなくても勝つ方法があるから、木内野球は勝てるのだ。

危ないの明日なんですよ。ひとつの目標をクリアしたあとでホッとしちゃって

03年夏、選手たちの目標は「国体へ行こう」だった。国体に出場できるのは12校。ベスト8に残れば確実に出られる。「ベスト8で国体」が合言葉だった。

選手たちは目標に向かって一丸となり、柳ヶ浦、智弁和歌山、静岡を破って8強。見事に大会前の目標を達成した。強豪、古豪を破って勢いに乗り、「さあ、これから」というところで木内監督は、3回戦終了直後に意外な言葉を口にした。

「危ないの明日なんですよ。ひとつの目標をクリアしたあとでホッとしちゃって。闘争心がすーっと抜けちゃうんスよ。『ベスト8でいいや、ここまで来たんだから』っていうチームは、わりあいにすーっとやわらかいチームになっちゃうんスよ。これが現代っ子なんですよね。ひとつの目標が終わったよ、みたいな感じがあって。これで秋まで野球ができるという意識ですか」

達成感が気力を奪っていく。満足することで脳が働かなくなり、今日までの気迫が明日にはなくなってしまうのだ。

「国体に行くためにここ（甲子園）で野球やってるわけじゃないですから。3年生らが次の目標をどこに置いてどう戦っていくのか。今夜、生徒たちが話すでしょう。私はミーティングに出てないから、何を話し合ってるのかよくわかんないんスよ。明日、『何話したんだい？』って訊くだけです」

この「訊くだけ」というのが木内監督らしいところだ。

「私はどうしなさいというのは言いません。子供らの人生ですから。あくまでも子供たちの意欲で、子供たちが国体で満足ならばそれでよし、もっと上を目指したいならまた私も全力をあげて協力をするということなんで」

監督である以上、ひとつでも多く勝ちたいと思うのが本音だろう。ところが、木内監督は子供らの気持ち次第と言って勝利にはこだわらないかのような態度をとる。

「子供らが『国体で満足。あとは楽しみたい』と言えば『じゃあ、ノーサインでやりましょう』ということになるんで、ハイ。子供たち次第です」

子供たちが「甲子園に行きたい」と言うから茨城県大会は必死になって勝ちにいった。子供たちが「国体に行きたい」と言うからベスト8までは勝つためのサインを出した。すべては子供たちの選択なのだ。木内監督はキャプテンの松林にこう言った。

「目標に達したけど、どーすんだ？　あとはノーサインで好きなようにやるか？　ランナー出たらみんなフリーでもいいんだ。（カウント）3—1、3—0でガンガン打っていいんだぞ」

松林の答えは、「なんでもやります。サインを出してください」。その言葉を受けて、木内監督は準々決勝以降もサインを出した。

勇退が決まっていた大会前、木内監督はこんなことを言っていた。

「なぜここまで野球をやってきたかって言ったら、野球には夢があるから。子供の夢の手伝いができっからね。もうオレは夢なくなっちゃったから。優勝も春夏したし、正直言ってこれから1勝しようがしまいが、優勝しようがしまいが、人生いっしょだから。もう名誉も金もいらない年になっちゃったしね。そういう意味でやっと野球ってものに無欲で、子供らを主体に考えたものができるようになったっていうのが実感です」

子供が主体だから、子供が満足したら仕事はそこで終わりなのだ。94年のセンバツ準々決勝・姫路《ひめじ》工（兵庫）戦でも「目標の準々決勝進出は達成したから、勝ちたければ頑張りなさい。君たちの人生だから」と言って3回まで選手同士でサインを出させている。一見冷たいようだが、これも理由があってのことだ。

「闘争心が抜けちゃうってのが優勝を狙えるチームじゃないということなんだね。後半になればなるほどきつくなってきますから、優勝を狙えるチームっていうのは闘争心ってのはたくさん出てくるんです」

監督がいくら頑張ってもプレーするのは子供たち。子供たちに気持ちがなければ、空回りするだけだ。全国の頂点に立つためには野球の技術だけでなく、勝ちたいという気持ちや気力、闘争心が必要になってくる。「子供ら次第」と言って選ばせるのは、選手たちに勝つために必要な闘争心があるかないかを確認するためのテストなのだ。

72歳で優勝を果たした木内監督。50歳以上も年の離れた10代の高校生を操縦できるのは、しっかりと現代っ子気質を把握していたからだ。

刺激のためにもここでスタメンを変えてやらにゃいかん

木内監督はスタメンを固定しない監督だ。毎試合のようにメンバーや打順が入れ替わる。スタメンを変更する理由はいくつかあるが、03年夏の準々決勝・鳥栖商戦での変更は「調子」と「刺激を与えるため」だった。

1回戦で7番、2、3回戦では5番を任された吉原皓史は不振に陥っていた。2回戦の智弁和歌山戦の初回に先制打を放ったものの、安打はそれ1本だけ。10打数1安打で打率1割。3回戦の静岡戦は4打数3三振といいところがなかった。

そこで木内監督が動く。吉原に代えて今大会初出場となる藤崎浩太を5番に起用したのだ。

「なぜライト代えっかというと、5番が打たねぇかんよ。5番が打ってればもっとゲーム展開が楽になってんだ。だからそこになんとかなる人間を置かなきゃダメだと。せっかくこのメンバーで流れが来てっとこだったんだけど、吉原の刺激のためにもここでスタメンを変えてやらにゃいかんというように考えました」

藤崎は春の県大会では背番号1をつけていた投手。打撃もよく関東大会では4番に座ったこともある。「足はある、肩はあるで文句なしなんだけど」と木内監督も素材のよさは評価していた。抜擢《ばってき》されたとはいえ、練習では決して調子がよくなかった藤崎だが、スタメンと聞いてガラッと変わった。

「今日指導をして、指導するバッティングをするようになった。これなら使えるということですね。自分が出られるようになって初めてふりかえれるもんなの、人間はね」

素直になった藤崎は期待に応え、2本の二塁打を放つ活躍。準決勝もスタメンを勝ち取った。

そして、決勝。出発前に宿舎で告げられたスタメン5番は藤崎だった。ところが、甲子園に着き、室内練習場で打撃練習をしていた吉原のところに木内監督が来てこう言った。

「お前、いい振りしてんな。スタメンだ」

試合後、なぜ吉原をスタメンに戻したのかを尋ねると、木内監督は「感覚から来たことだよ」ととぼけたが、実ははじめから決勝のスタメンは吉原に決めていた。

「今日は接戦だったの、予想が。接戦なら吉原の方が細工ができる。細かいことが。それとダルビッシュが本調子じゃないから、それほど押してくるとは思えない。絶対に変化球を多投してくる。藤崎はまっすぐには強い。ただ変化球に弱いんだよ」

決勝の相手投手はスライダー、シンカー、フォークなど多彩な変化球を操る東北・ダルビッシュ有。故障に加えて疲労もたまり、ストレートを多投できない状態を考えると、変化球に弱い藤崎より、吉原が合っていた。

2試合スタメンを外され、しかも目の前で藤崎の活躍を見せられた吉原は目の色が違った。0対2から1点を返したあとの4回表。2死三塁の場面で内角シンカーにうまく腕をたたんで反応してレフト線へ同点の二塁打。木内監督の起用に応えた。

スタメンが固定されていないから、控えの選手はいつ出番が来てもいいように準備をする。スタメンを外れても、いつまたチャンスが来るかわからないから落ち込まない。スタメンを固定しないことが、いい意味で選手のモチベーションになっている。

さらに、スタメン入りには選ばれる根拠がある。木内監督の目に留まったという自信も加わる。だから、入れ替わった選手が活躍する。

「オレはカンピューター野球」と木内監督は笑うが、もちろん照れ隠し。マジックにあるのは「活躍するのはこいつだ」という自信と根拠。カンピューターなどない。

尻もちつくんです。それを狙ったの

野球はいつも同じ条件ではない。プロ野球と違い、ドーム球場をほぼ使用しない高校野球ならなおさらだ。92ページからの項で紹介した気温、風、湿度に加え、太陽の位置など自然に大きく影響される。

それらの条件の中で、もっとも試合に影響するひとつが雨だろう。雨が降っているときだけではなく、雨があがったあともグラウンドコンディション不良というかたちで選手たちを苦しめる。

03年夏の甲子園準々決勝・鳥栖商戦は雨あがりの試合だった。前の試合で豪雨による1時間20分の中断があり、グラウンドには大量の砂が入れられていた。

鳥栖商の先発はその前の2試合を一人で投げていた左腕・重野倫基ではなく、右腕の城本貴大。予想外の投手に戸惑い、常総打線は1、2回を三者凡退に抑えられた。

「1、2回はすごくひどかったんですよ。ポップフライばっかり上げて」

悪い流れのまま3回表に先制点を許した。だが、その裏。7番の井上が四球で初めて出塁すると、木内監督がしかける。つづく宮田竜一郎に投げた2球目がボークで無死二塁となると、すかさず宮田はファースト前にバントを転がし内野安打。無死一、三塁からは9番・磯部が初球をセーフティースクイズ。バント攻撃で同点に追いついた。

このあとも4回裏無死二塁で6番の大崎が送りバント。6回裏無死二、三塁では大崎がスクイズを決めると、2死三塁からは宮田がサード前にセーフティーバントを決めた。5つのバントを成功させ、奪った5点のうち3点がスクイズ。試合後、「今日のバント攻撃はグラウンド状態を考えてのものですか」と聞かれた木内監督はこう言った。

「そうですね。いいところに気がつかれました。正解です。ピッチャーが(マウンドから)走って下りてくると足もってかれっちゃいますから。尻もちつくんです、えぇ。それを狙ったの。それで今日はバントが多かったんです」

百戦錬磨の木内監督が天の与えてくれたチャンスを見逃すはずがない。試合前のシートノックなどでグラウンド状態を確認していた。

「(ぬかるんでいても)ボールの転がりはいいですよ。転がりはいいんですが、体重のある人が走ってくと足をとられんです。ですから、今日はバント攻めが有効であるというように解釈しておりました」

6回の大崎のスクイズでは、打球を処理した投手の重野が捕球時に足を滑らせている。

木内監督の狙い通りだった。終わってみれば、7安打で5点という効率のよい攻め。5対1の完勝だった。

「これがウチの持ち味でね。歴代のチームと違って力押しというのができるチームじゃないんで」

打つだけが攻撃ではない。条件を利用した小技ができるのが、木内野球の強さだった。

夏はピッチャーはあんまりランナーにならん方がいいんですよ

猛暑を超えて、酷暑。近年の夏の暑さは異常だ。テレビ画面の端に「熱中症注意」と表示されている同じ画面で夏の甲子園が中継されている。はっきりいって、野球をやる環境ではない。そんな中でも、高校生は試合をやらなければいけない。夏の甲子園で優勝するためには最低でも5試合。1回戦からの登場となれば6試合が必要になる。13年からは準決勝前日、19年からは決勝前日にも休養日が設けられたが、それでも過酷な日程に変わりはない。

勝ち抜くためには複数の投手が必要になるだけでなく、いかに投手の体力を消耗させないかも重要になる。投球回数、投球数を減らす以外の方法でも体力を温存させたい。だからといって、無気力な打撃や走塁をしては見た目も悪いし、チームの士気も下がる。

そこで木内監督が多用していたのがバントだった。走者が一塁だけの場面では1死からでも送りバント。三塁に走者がいるときはスクイズをさせた。理由はたったひとつ。

「やっぱり、夏はピッチャーはあんまりランナーにならん方がいいんですよ」

03年もこの言葉通りの作戦を実行している。一度目は準々決勝の鳥栖商戦。3回裏無死一、三塁の場面で磯部にセーフティースクイズを命じた。無死で併殺打でも点が入る場面だったが、迷わずサインを出した。

「まぁ、バントやれば（ベンチに）帰ってくるだろうと。ピッチャーをなるべく塁に出したくないというのがあったんで。これは本音だから困んだけど。聞かないでよ（笑）」

磯部のバント技術について問われると、こう言った。

「うまくも、うまくなくもやらすしかないスよ（笑）。うまいとは思ってない。下手とも思ってない。普通でしょ。ですから、まぁ、本音はランナーに出したかない。要するにピッチングに専念してほしいというところがバントを選んだ理由です」

二度目は決勝の東北戦。9回表無死三塁の場面で飯島にスクイズをさせた。無死だったこと、打者が前年に2年生で4番を打っていた打撃のいい飯島だったこと、この試合は「打って勝つ」と強行策を用いていたことからヒッティングかと思われたが、3球目にしかけた。結果的にこのバントは投手へのフライになり失敗。三塁走者もアウトになる最悪の結果になった。

「あれは失敗してもいいと思ってやりました。（4対2とリードし）2点で飯島なら大丈夫という確信を持ってましたんでね。やらせたいわけじゃないんですが、ベンチに下げたい。ランナーにしたくなかったの。だからスクイズ。飯島に『早くアウトになんなさい』って言ったら、2人アウトにしました（笑）」

追加点は入ればラッキーぐらいの考え。それよりも、ベンチに戻って次の回の投球に備えることを優先させての作戦だった。戦略的に見えて、体力を温存させる。それもまた監督の技術なのだ。

手の内っていうのはカモフラージュしながらやるもんで、いつも同じようにはやりません

高校野球も情報戦だ。対戦相手の映像を見て研究するのは当たり前。投球時のクセ、けん制時のクセ、配球のパターン、打者の打球方向など細かく分析する。控え選手たち

でデータ班をつくっているチームも珍しくない。

研究する対象には監督も含まれる。エンドランが好きな監督、スクイズが好きな監督、バントせずに強気に打たせてくる監督……。監督の性格と傾向から何球目に動くことが多いのか、どのカウントでサインを出すことが多いのかも調べる。ベンチをビデオで撮り、監督の出すブロックサインを解読しようとするチームもあるほどだ。

そこまでやってくるのがわかっているから、木内監督は常に次を考えてサインを出す。見られているのを前提に、〝見せる〟のだ。

03年夏の甲子園。準々決勝の鳥栖商戦の3回裏、無死一、三塁の場面で磯部にスクイズをさせたのは初球だった。

「この前の試合で（カウント）2―2までやらなかったスから。早いうちに今度は逆もあるということを次のチームにもわかってもらわなくちゃなりませんから。追い込まれてからばかりスクイズやるわけじゃないよと」

3回戦の静岡戦では2回裏1死三塁の場面で7番の井上がカウント2―2からスクイズを決めている。1―2からヒッティングでいったもののファウル。2―2の平行カウントになったところでスクイズに切り替えた。それも踏まえての初球だった。

ここで見せたことが次に活きる。翌日の準決勝・桐生《きりゅう》第一（群馬）戦。4回裏1死三塁の場面で相手バッテリーは初球をウエストしてきた。磯部の初球スクイズが頭にあったからだ。スクイズ警戒から2―1と打者有利のカウントになったところで、打者の大崎はストライクを取りに来たストレートをライトに運んで犠牲フライにした。

鳥栖商戦の6回裏無死二、三塁の場面では大崎に1―1からスクイズをさせている。準決勝までに決めた3度のスクイズのカウントは0―0、1―1、2―2。ストライクの数にかかわらずやることで、相手に読みにくい状況をつくった。

「やっぱり、手の内っていうのはカモフラージュしながらやるもんで、いつも同じようにはやりません」

目の前の相手だけではなく、次の相手までも視野に入れてサインを出す。そんな余裕があるから、木内采配は当たるのだ。

今日は力の野球をさしたんスよ。明日の東北さんはピッチャーがいいんで、バッティングに磨きをかけないと勝てないということで

1回戦0、2回戦6、3回戦4、準々決勝5（内野安打2を含む）。03年夏の甲子園での常総学院のバントの数だ。1回戦は無死、1死でランナーが2人しか出なかったこともあってバントの機会がなかったが、それでも合計15個。1試合平均3・75個のバン

トを決めている（1回戦を除く3試合に限れば平均5個）。これはベスト4に残ったチームの中でもっとも多い数字だ。準々決勝までは「バント多用」といっていい。

ところが、準決勝の桐生第一戦ではバントはわずか1個。無死、1死で3度あった走者三塁の場面はすべてヒッティング。3回戦で1個、準々決勝で2個記録したスクイズの気配はまったくなく、代わりに犠牲フライが2つあった。

なぜ、バントを封印したのか。木内監督はこう説明した。

「今日は力の野球をさしたんスよ。今までは負けない野球のために堅い野球で、バントばかりさしたもんですから。明日の東北さんはピッチャーがいいんで、バッティングに磨きをかけないと勝てないということで、今日はスクイズをやめたと」

スクイズをせず、強打に徹することでどんな効果があるのか。

「野球が小さくなってんスよ。私がね、うんとバント使うもんですから。ですから、もう一回思い出させようと。今まで打ち、打ちで勝ってきたチームなんですから」

01年から3年連続出場の常総学院。その3年間のチームの茨城県大会での数字を比較してみるとこうなる。01年は打率3割5分4厘、犠打15個。02年は打率3割6分4厘、犠打17個。03年は打率4割2分2厘、犠打11個。

木内監督が「打ち、打ちで勝ってきた」という03年のチームは春のセンバツで優勝した01年を大幅に上回る打率を記録し、犠打はもっとも少ないチームだったのだ。この自信に加え、相手の桐生第一の投手陣が、左が5人並ぶ常総打線が得意とする右投手しかいないということもあった。

甲子園に来て、1回戦5安打、2回戦12安打、3回戦6安打、準々決勝7安打と2回戦以外はやや低調だった打線は、強打の結果、2ケタとなる10安打を記録。しかも10安打中4本が長打（二塁打1、三塁打3）と本来の鋭いスイングを取り戻した。

「今日は勝っても負けても打っていこうと思っていました」

優勝するためには超高校級といわれる東北・ダルビッシュ有を打ち込まなければいけない。だが、今の打線の状態では無理。そう考えたからこそ、リスクを背負ってでも強行策に徹することができたのだ。

自分のスイングを思い出した打線は、翌日の決勝でも12安打。二塁打3本、三塁打2本と長打5本を浴びせてダルビッシュを粉砕した。

「監督は常に決勝まで戦う準備をしてやらなくちゃいけない」

そう話す木内監督だからできた、先を見据えてのバント封印だった。

湿度がね、大阪はいつでも高いスけど、それでも今日は少ない方だと。ボールが飛ぶなぁという判断をしたもんですから

空気を、見ていた。

決勝で東北・ダルビッシュ有を打たなければ勝てないと判断して強行策に出た03年準決勝の桐生第一戦。準々決勝まで多用したバントを封印した理由はもうひとつある。それは、天候状態だった。

03年の夏の大会は珍しい大会だった。雨で3日間も順延になったこともそうだが、何より本塁打数が極端に少ない投高打低の大会だったことだ。

前後の大会の夏の甲子園本塁打数を見てみると00年38本、01年29本（うちランニング本塁打1本）、02年43本（うちランニング本塁打2本）、03年13本（うちランニング本塁打1本）、04年33本、05年32本、06年60本。03年が極端に少ないことがわかる。前年と比べると30本の激減。06年と比較すると約5分の1だ。

かといって、レベルの高い投手がそろっていたわけではない。目立ったのはダルビッシュ、広陵《こうりょう》（広島）・西村健太朗《けんたろう》（元巨人）ぐらい。プロのスカウトに言わせれば「大

不作」の年だった。雨が多く、湿度が例年以上に高かったことが打球の飛ばない原因だった。

準決勝の日は湿度71パーセント。甲子園球場のある兵庫県の8月の平均湿度は72パーセントだから、例年よりやや低めだ。それでも、翌日の決勝の日の75パーセントと比べれば、かなり低いといえる。

「湿度がね、大阪はいつでも高いスけど、それでも今日は少ない方だと。ボールが飛ぶなぁという判断をしたもんですから」

とはいえ、木内監督は数字を見て湿度が低いと判断したわけではない。もちろん身体で感じるものはあるが、そう思ったのは第1試合の東北対江《ごう》の川《かわ》（島根、現石見智翠《いわみちすい》館《かん》）の試合を観てのことだ。

「今日はホームランが前の試合で2本出てますから。風がフォローかなと思って見たら、フォローじゃないんですよ、それほどね。それでホームランが出るってことは、空気が乾いてる。空気が乾いてっとボールが飛ぶんスよ、ハイ」

準々決勝の日まで13日間で10本しか出なかったスタンドインのホームランが、たった1試合で2本出た。これで確信したのだ。

「ですから、今日は外野フライでいいわという感じがあったんで、スクイズはやりませんでした」

言葉通り、3度あった1死以前での走者三塁のチャンスはすべて強打。そのうち2度は犠牲フライになった。

本塁打が出るのを見て、風のことを口にする監督は多いが、湿度の話をする人は木内監督の他に聞いたことがない。乾いた空気を利用した強行策。監督50年の経験は、わずかなコンディションの違いも見逃さない。木内監督にとっては、すべての条件が味方なのだ。

チームに勢いがあった。ああいうときにバントをやると野球が硬い野球になっちゃうんですよ

1点失い、同点になったというのに木内監督は余裕しゃくしゃくだった。98年夏の甲子園3回戦・宇和島東戦。1点を先制して迎えた2回裏の守り。1死から四球のあと、バスターエンドランを決められ二、三塁。ここで7番の大星圭史にカウント1―1からスクイズを決められた。

「県大会でもスクイズは使いませんし、甲子園19試合で2回目ですから相手は無警戒だろうと思った」と決めた側の上甲正典《じょうこうまさのり》監督は満足げだったが、木内監督のとらえ方は

違った。

「1アウト二、三塁の時点で2点取られたと思いましたから、1点を取りにくるスクイズは助かりました。上甲さんらしくない。勝ちたいという意識からだったんでしょうけど、あれで選手を硬くしちゃったと思います」

例年より小粒とはいえ、宇和島東は牛鬼《うしおに》打線の異名がつく強力打線だ。常総のエース・山田隆夫はオーソドックスな右投手。球速も130キロ台前半と投手力に自信がなかったため、木内監督は大量失点を恐れていた。それが、めったにやらないスクイズ。いつもと違う攻めをしてくれたことで、木内監督は相手の打者から本来の思い切りが消えたように映ったのだ。結果的に山田は7安打2失点で完投した。

たとえ点が入っても、流れを止めるバントもある。そうならないように、木内監督は常に流れを意識していた。それが出たのは、03年夏の甲子園準決勝の桐生第一戦。2対2で迎えた4回裏の攻撃だった。

1点を勝ち越したあと、1死三塁で打席には大崎大二朗。前日の鳥栖商戦ではスクイズを決めている。試合後、木内監督は大崎にスクイズを命じた理由をこう説明していた。

「左対左だかんね。それと、顔が振れるバッターで小フライの多いバッターなんで、外野まで届かないだろうと」

準々決勝でのスクイズを見て、桐生第一ベンチは初球をウエストしてきた。だが、大崎にバントの気配はない。右投手ということもあり、木内監督の頭にスクイズはなかった。大崎はカウント2—1からストレートを打ってライトへのフライ。三塁走者を迎え入れた。

「あれは打て打てですから。チームに勢いがあった。点取られたらすぐ取り返したかんね。だからああいうときにバントをやると、野球が硬い野球になっちゃうんスよ。あそこでスクイズなんかやりますとね」

1回表に1点を先制されながらその裏にすぐに同点。さらに2回表、勝ち越し点を与えながら、またもその裏に同点にしていた。試合開始からスコアボードに0がつかない点を取りあう展開。荒れた試合になる予感もあった。

そんな雰囲気がスクイズで壊れてしまうというのだ。大量点も考えられる荒れた展開が、堅くバントをすることによって1点を争う僅差の試合に変わってしまう。

「それで3、4点の勝負になっちゃうのが嫌だった。ピッチャーが消耗しますからね。だから、打ち崩したいと」

打ち崩すためには、スクイズではなく強打。迷いはなかった。

もうひとつ、スクイズをしなかった理由は打者が大崎だったからということもある。

「今日は（大崎）大二朗はルンルンとやってましたから。最初打っちゃったからね。ですから、ああいうときはやっぱり押せ押せでやんないと野球がちっちゃくなっちゃうんだよ」

お調子者の大崎は最初の打席でヒットを打つと固め打ちをするタイプ。第1打席で左中間への三塁打を放ち、気をよくしていた。ここで犠牲フライを打ったからか、大崎は第4打席でもレフト前ヒット。翌日の決勝でも勢いは止まらず、東北のダルビッシュ有から第1打席でレフト前ヒット、第2打席では右中間へ勝ち越しの三塁打を放った。

試合の流れと選手の心理面に与える影響、さらには選手の性格まで考慮に入れてスクイズを使っていい場面とそうでない場面を判断する。やることには必ず根拠がある。常に観察しているからこそできる木内采配だった。

点を惜しがらないと取られないんですよ

木内監督にしては、珍しいと思わせる場面があった。03年夏の準決勝・桐生第一戦の2回表。1死三塁であっさりとスクイズを許したところだ。

前年には真逆の采配を見せていた。02年の1回戦・宇部《うべ》商（山口）戦でのこと。0対0で迎えた6回表1死三塁、打席には3番の松本茂生という場面で執拗《しつよう》にスクイズを警来ている。

戒した。
外野フライでも1点という状況。山口県大会で打率4割3分5厘と当たっている3番
打者。その前の打席でいい当たりのライトライナーを放っていることから考えても、打
ってくる可能性が高いように思われた。実際、松本は2球目の内角ストレートを打ちに
来ている。

ところが、木内監督はカウント1—1からの3球目、4球目と続けてウエストを指示。
1球ウエストしたのを見て、「2球続けて外してくることはない」と読んだ玉国光男《たまくにみつお》監
督の作戦を見事に見破った。なぜ、外せたのか。木内監督は理由をこう説明する。
「1球外したあとのスクイズは定石ですから。自分が攻めててもあそこはサインを出す
かんね。あの監督はオレの野球とまったくいっしょ。考えがまったく同じなの。だから
読めたんだよ」
木内監督の野球は打順にこだわらない野球。4番打者だろうが9番打者だろうが関係
ない。必要と思えばバントをさせる。そういう野球だ。宇部商戦は中盤の6回で0対0。
試合が均衡し、どうしても先制点がほしい場面であること、その前に無死から送りバン
トをせずに盗塁をしかけ、1死三塁をつくろうという姿勢がうかがえたことなどから、
「3番でもスクイズはある」と考えたのだ。
「オレならここでやる、というところだかんね」

桐生第一戦も試合前に福田治男《ふくだはるお》監督についてこう言っている。

「非常に私と野球の流れが似てます、ハイ。4番バッターがスクイズやってね。要するに4番バッターだから必ず打てる保障はまったくない。必要な点数が一番取れる方法で取る」

宇部商戦同様、相手の考えは読みやすい。冒頭の1死三塁の場面でも、当然スクイズは予想できた。あとは、いつ外すかだけ。

8番打者の森田典弘ということもあり、常総バッテリーは初球をウエストした。そのあともバントを警戒しすぎ、カウントを3—0としてしまう。それを見た木内監督は「スクイズは警戒しないでいい」という合図を送った。

「1点にこだわって2点取られんなということでしょうね。1点はしょうがない。その1点を惜しがってあのランナーを出して一、三塁になんかすっと、余計に点を取られっちゃう。2点取られるより1点の方がいいですから」

福田監督は1球ストライクのあとの3—1からスクイズを指示。森田は外角に来たストレートを簡単に一塁前に転がした。

「スクイズやってくれて、『あー、よかった』と思ってました。やってくんないとランナー2人たまっちゃうんスよ。非常に守りにくくなる。2点を取られるピンチをつくっちゃうんでね」

では、徹底的にスクイズをマークした宇部商戦とはどこが違うのか。

「あういう1点は、ウチがゼロ、ゼロで取れないんなら痛いんスけど、点取れてっときの1点は痛くないんスよ」

宇部商戦は5回を終わって0対0の重苦しい展開。桐生第一戦は初回にお互い1点ずつ取り合う展開。野球は不思議なもので、強打のチーム同士の対戦でも点が入らないときは入らないし、守りのチーム同士の対戦でも点が入るときは入るもの。その試合の雰囲気によって、1点にこだわるかこだわらないかを決めるのだ。

そしてもうひとつ、スクイズをやらせた理由がある。

「点を惜しがらないと取られないんですよ。点をやらないようにという意識を強くすると点を取られっちゃう。だから、『何点かやってもいいよ』みたいな方がいいんスよ」

やはり高校生。「0点に抑えなければいけない」「スクイズを外さなければいけない」というMUST思考が重圧になる。自分で自分のリズムを崩し、かえって傷口を広げてしまうことにもつながる。「～しなければならない」ではなく「～してもいいよ」と言った方が、ミスも起こりにくいのだ。

意外に見えた無抵抗も計算ずくだった。スクイズは「やられた」のではない。「やらせた」のだ。1点の価値を知り尽くしている。それが木内監督だった。

見逃し三振でOK、三振を食う勇気を持て

甲子園は人を変える。

余計な欲を出させるのだ。

「せっかく甲子園まで来たんだから、一発打ちたい」

「いいところを見せたい」

そんな気持ちが打者を大振りにさせる。

これに加え、厄介なのが、日本野球の考え方だ。野球を始めた子供のときから、見逃し三振をすると指導者にこっぴどく怒られる。「どうせ三振するなら振って三振しろ」と言われるため、多少強引であっても振りにいってしまうのだ。

だが、この気持ちでいると甲子園で勝ち上がることは難しい。全国レベルの好投手は、ストライクからボールになる変化球を多投し、打者を打ち取りにくるからだ。ワンバウンドになるような球に手を出しているようでは、勝利は遠い。

これがわかっているから、木内監督はこんな指示を出した。03年夏の甲子園準決勝・

桐生第一戦のことだ。

「見逃し三振でOK。三振してもいい」

桐生第一の先発・伊藤毅は投球の3分の2近くが変化球。常総学院打線は追い込まれてからのボール球のスライダーを振らされ、3回まで4三振を喫していた。

「三振を怖がって、2ストライク取られると低めのボールを振ってしまう。ショートバウンドみたいなの振ってしょうがなかったスから。あれが、まぁ、(ストライクに)見えるんですけどね。ここ(甲子園)へ来ると、『打ちたい、打ちたい』って気持ちが先に立ちますから、少しでもベース板に乗ってきますと、打ちたくなっちゃうんです。要するに、くせぇと思った球、見送ればボールの球、そのへんのところの(見逃す)勇気がないということで怒ったんです。三振を食うのに勇気が必要なんですよ。打てねぇ球打ったって打てねぇんスから。見逃し三振でOK、三振を食う勇気を持てという話(笑)」

低めを見極めようとすると手が出てしまうが、「低めは捨てていい。三振してもいい」と言われると手を出さなくなるもの。木内監督がこの指示をした以降は井上翔太、坂克彦が三塁打を放つなど長打が出て、伊藤を5回途中でノックアウトした。

「3回ぐらいから、いくらか低めを見られるようにはなったんです。まぁ、変化球の低めをうんとうるさく言ったら、今度はベルトらへんの変化球まで見逃すようになっちゃうんスよねぇ。子供ってのは、非常に難しいですね、言い方が」

とはいえ、甲子園の準決勝まで来て、「見逃し三振してもいい」と言える人はなかなかいない。選手の心理を読んだ、まさに言葉のマジックだった。

左が多いときは左が頑張れみたいな野球だから

「左バッターがどれぐらいいて、どんな打順に左がいてってのを見て、ピッチャーの起用を考える」と言う木内監督。その真骨頂ともいえるのが、03年夏の甲子園準決勝・桐生第一戦だ。

桐生第一はレギュラーに左打者が4人。3回戦の小松島《こまつしま》（徳島）戦では、右のサイドスロー・大和威光に対し、スタメンに5人の左打者を並べていた。常総学院の投手陣は磯部洋輝、仁平翔の左腕二枚と右のサイドスローの飯島秀明。木内監督は、試合前にこう話していた。

「今日はちょっと飯島を使いづらいんですよ。（桐生第一の）控えが全部左バッターの代打要員なんです。ですから今日は少し左を引っ張んなきゃなんねぇかなっていう気はしてんですけどねぇ」

先発に指名したのは2年生左腕の仁平。3回戦の静岡戦で先発し、6回3分の1を無失点の好投を買っての起用だ。ところが、仁平は初回からつかまる。1死から2番の備前島健にバント安打を許すと、藤田敏行にセンター前、篠崎直樹に左中間に運ばれ、先制を許した。2回表にも二塁打と送りバント、スクイズで1失点。「投手戦で少ない点数で争う展開にしたい」と言っていた木内監督は、ここで仁平をあきらめ、3回表から飯島をマウンドに送った。

「(仁平には)3回いってくんねぇかなぁみたいな感じで、1回でも飯島の回数を少なくしてって思ってたんですが」

飯島が3回から5回までの3イニングを無失点の好投でリズムをつくり、常総学院が逆転。6対2と常総リードで迎えた6回表、桐生第一・福田治男監督が動く。1死から左打者の倉上将光がセンター前ヒットで出ると、右打者に代えて左打者の高野泰喜を代打に起用。高野がセンター前ヒットでつなぐと、2死後、またも左打者の半田健一を代打に送った(セカンドゴロ)。6対2のまま迎えた8回表、さらに福田監督は勝負に出る。先頭の左打者・篠崎がライト前ヒットで出ると、5番の捕手・森翔平に代えて左打者の坂田博一を起用したのだ。

ここで木内監督が動く。5回を無失点の飯島に代え、エース左腕の磯部をマウンドへ送った。

「左がたくさんいるんでね。飯島は非常に出しにくい状態にあったんですが、よくつないでくれたかなと思ってます。むこうの打線は控えがほとんど左なんです。飯島でこれを全部つぎ込まして、そこから磯部を出そうという青写真だったんです。磯部がいくときは左バッターがずらっといるようなかたち。予定通りです、ハイ」

木内監督の言葉通り、磯部が登板したときの桐生第一打線は、代打も含めて左打者が7人並んでいた。磯部は後続を断つと、9回表も三者凡退で締め、常総学院は決勝進出を決めた。

「後ろの2イニング、こっからが大変なんだよって話をしてましたが、左がいったんで、向こうの戦意がちょっと萎えたようなところがありましたね」

相手の手を見て、次にどんな手を出すかを決める。木内監督の采配同様、福田監督もベンチにいる選手を将棋の駒のように使うスタイルだ。相手監督の采配の特徴を頭に入れ、エースの左腕を切り札として残したうえで、相手の駒をすべて出させる。まさに、シミュレーション通りの試合運び。

「多すぎっから。あまりにも左が。だから、監督としては苦労をかけたかないってのがあってね。左が多いときは左が頑張れみたいな野球だから、ハイ」

目の前のことだけではなく、試合全体を考える先を見た采配。木内監督の準備の勝利だった。

点数なんか取んなくていい。三者凡退で早く終われ

「点数なんか取んなくていい。三者凡退で早く終われ」

03年夏の甲子園準決勝の桐生第一戦の試合終盤。木内監督は選手たちにこんなことを言った。高野連のお偉いさんが聞いたら、ものすごい剣幕で怒りだしそうな言葉だ。

準決勝が行われた8月22日の最高気温は29・6度。湿度は72パーセントだった。例年に比べて気温は1・9度、湿度は1パーセント低い数字。ところが、常総学院の選手たちは「目がまわるほど暑い」と言っていた。

なぜ、そこまで暑さを感じていたのか。これにはいくつかの理由が考えられる。ひとつは、03年の夏が冷夏だったこと。茨城県大会から雨やくもりの日が多く、炎天下で試合をすることが少なかった。

もうひとつが、準決勝の時間帯。開始時間は13時29分。1日のうちでもっとも暑い時間帯での試合だった。常総学院は準々決勝までの4試合中、3試合が第4試合。炎天下

どころかナイターでの試合が続いていた。1回戦の試合後、木内監督はこう言っている。

「今日は一度も汗をかきませんでした。ここ（当時の甲子園は冷房もない狭い通路に100人の報道陣でごった返していた）で初めて汗かいてます」

甲子園に来て、太陽の下でもっとも暑い時間帯に試合をするのは、準決勝が初めてだった。おまけに3回戦から3日連続の試合だ。選手たちには疲労がたまっている。勝てば決勝戦は翌日（当時は休養日なし）。4連戦になる。5回を終わって6対2。点差に加え、投手の出来や試合展開から安全圏と判断した木内監督は、選手たちになるべく余計な体力を使わせたくなかった。だから、冒頭の言葉をかけたのだ。

「6点取ってからは明日のことを考えてやりました」

言葉通り、6回は三者凡退。7回は2本の安打が出たが、8回はけん制死もあり、再び3人で攻撃を終えた（後攻のため9回はなし）。7、8回には1死一塁と追加点を取るために動いてもいい場面があったが、木内監督はサインを出していない。

「三者凡退で終わっちゃえ。暑くてしょうがねぇっていうような野球でございまして（笑）。『早く終われ』というような指示を出す監督は珍しいですが。ええ、消耗しますよ。暑くて、ハイ」

危機管理は監督の仕事。試合中に考えているのはなにも目の前の試合のことばかりではない。決勝戦をいかに万全の状態で迎えるか。

「今はいいコンディションをつくってやるっていう時代なのよねぇ」

常々そう言っていた木内監督らしい采配だった。

やっぱり野球に必要なのは、フォア・ザ・チームの精神なんですよ。歯車になることを嫌がっちゃダメなんです

木内監督が絶対に許さないプレーがある。それは、チームを無視して我を出した個人プレーだ。

「野球は個人スポーツじゃないんだということが認識できて初めてつながりとか、絆《きずな》とか、そういうものができてくんだよ。甲子園で1回戦で負けて、引きあげるときに『オレ2本打ったからいいや』なんて言うような子供がいるようでは、そのチームは絶対勝てない。負けてそんなこと言える子がいると早く負けちゃうんだよ」

優勝した03年夏の甲子園でもっとも木内監督の怒りを買ったのが、準決勝の桐生第一戦の8回に出た大崎大二朗のプレーだった。

6対2と4点をリードした8回裏2死二塁で打席には投手の飯島。2年時に4番を打っていた打撃に期待が高まったが、ここで二塁走者の大崎が飛び出した。けん制タッチ

アウト。ボーンヘッドで得点機をみすみす逃した。甲子園の試合中にもかかわらず、「怒鳴りつけて、目がまわるほど怒りました」という木内監督。なぜ、そこまで怒ったのか。

「ワンダンなら怒らないんスよ。サードに来て、外野フライ、スクイズでダメ押しが取れますから。ツーダンならウチは動かない。打ったらホームに走るだけですからね。要するに、元4番がバッターボックスにいて、なぜセカンドランナーが動くんだというところなんですよ。あそこは飯島に打たせて気持ちよくさしてやって、飯島の投球と打棒の両方を発揮させて明日の決勝戦に臨みたいというところ。あれ（大崎）は少年野球上がりなんです。だから、フォア・ザ・チームが薄いんだ。それを怒ってんの」

木内監督の言う「少年野球」とはシニア、ボーイズといった中学硬式チームのこと。中学校の部活動とは違い、個人が学校を離れて参加するクラブだ。これに対して、中学校の部活動でやる軟式野球を木内監督は「中学野球」と呼ぶ。

「少年野球ってのは親らが金出してやってんの。だから監督さんが非常にやさしいの。ほめるだけでね。素材のいい人が2、3人いりゃ勝手に勝っちゃうの。勝手に盗塁やって、ホームスチールまでやって勝っちゃうんだから。そういう野球は高校野球にはないんですよ」

木内監督はチームプレーを要求する。どんなにいい選手でも「勝手な野球をしたい人は入学しないで結構です」とまで言うほどだ。

「そういう意味で、少年野球出身の人ってのは、そういう面の指導をよくしないと。野球を遊びと勘違いしてる。中学野球をやってきた人は400校も500校もある中で優勝を争うから、やっぱりフォア・ザ・チームってのを自然に身につけちゃう。クラブチームの出身者は個人的にはいいのがいますけど、やっぱり団体スポーツ性に欠けるということがいえるんで、大崎は年中怒られてます」

あの場面では、飯島が打つか打たないかは問題ではない。2死二塁は打つしかない状況。走者がそこで動くという時点で、野球がわかっていないということでもある。

「ああいう場面が今後きますから。『ここで一本打てりゃあ、なんとかなる』って場面がね。そんときにランナーがチョロチョロしちゃダメなんだ。もうバッティングに頼ったんだ。機動力に頼ったんじゃないんだからね。あれが1アウトでサードに来て、外野フライ、内野ゴロで1点という気持ちなら文句言わないんスよ。それからカウント3—1、3—2でもって、2アウト一、三塁でダブルスチールで点取ろうってあれやったんなら文句言わない。でも、なんでもねぇときですから。ああいうのはイカンということで怒ったんです」

オレが、オレがという気持ちが前面に出た目立ちたがりの個人プレーが出ているようでは、チームはひとつにならない。大事な場面では命取りにもなる。

「甲子園に来ると野生の野球をやっちゃうんですなぁ。やっぱり学生の野球ってのは、チームというか組織野球で学ぶ野球だかんね。自分勝手で自分だけ目立てばいいってのは一番イカンと言ってるんです」

98年夏に甲子園の準々決勝で負けたときはこんなことも言っていた。

「この大会はひとつ突出したチーム（松坂大輔擁する横浜。春夏連覇を達成）があって、本気で優勝しようという感じじゃなかったんだよね。だから、選手のフォア・ザ・チームという気持ちが薄れてしまった。バッターボックスでも、『打ちたい。いい思い出をつくりたい』で『ウチの監督は打たせてくれる』と思い込むから、サインミスも多くなった」

09年夏の甲子園・九州国際大付（福岡）戦では、3点リードした2回裏無死二塁で、相手の右打者がサードゴロを打ったのを見てこう言っていた。

「進塁打打たずにサードゴロ打ったスからね。あれ、ウチじゃあ、選手交代だから。進塁打ってものを狙わなきゃ」

フォア・ザ・チームの精神があれば、プレーが変わる。相手投手のリズムを崩すためにセーフティーバントをしかけてみたり、疲労を誘うためにファウルで粘ってみたり、アウトになっても走者を進めたりといった「自分が犠牲になっても」という気持ちが芽生える。

「常総野球部というのは一家なんだよ。一家が繁栄するために、オレはこうやるんだみたいなものができあがってくんだよね」

個人個人がそういう気持ちを持つこと。一人ひとりが自分のやるべきことを理解すること。チーム全員が同じ方向を向くことができれば、突出した選手がいなくても高校野球は勝つことができる。87年夏の甲子園2回戦で剛腕・上原晃《あきら》（元中日他）を擁する沖縄水産（沖縄）を破った試合後、木内監督はこう話している。

「ウチは一人ひとり見ればたいしたことないよ。ただ、9人がユニフォームを着ると強豪に変身しちゃう。誰が1番だか9番だかわかんないよ」

そして、03年の夏。決勝戦で勝ったあと、木内監督はこう言っていた。

「チームプレー、チーム愛、友情。こういうものが優勝に導くんだということがわかってくれたかなぁと思うんですがね。やっぱり野球に必要なのは、フォア・ザ・チームの精神なんですよ。歯車になることを嫌がっちゃダメなんです。勝てた原因は、個人の功名、目立つような格好、そういうものを謹んでフォア・ザ・チームで野球をやってきたことでしょう。そうやって9分の1になれる子供をつくってやった方が、大学に行っても、社会に出てからも喜ばれる人間になるんスよ」

プロに行ける素質がある選手でも特別扱いはしない。チームのためにやるべきことをやらせる。

「心がまえをつくるのから始まんの。打ちたくたってバントあるし、バントしたくたって打てって言う。野球はこうあるんだよっていうもの、フォア・ザ・チームってものを一番に教えんだ。自分一人でやると、チームが壊れっちゃうから。もっとのびのびと好きなようにやってるチームはたくさんあります。それがやりたきゃ、オレのそばに来るなと。オレの野球は、やっぱりチームを大事にすることから始まるんでね」

ここだけは決してぶれない。だから木内野球は強いのだ。

本気にしちゃったら点取れないの。なめてくれれば取れるの

送りバントではなく、強行策。それが、木内流の好投手攻略法だ。

03年夏の甲子園決勝・東北戦。相手エースは2年生のダルビッシュ有だった。2点を先制された直後の3回表。先頭の7番・井上がレフト前ヒットで出た。送れば2死二塁で1番につなぐことができる。だが、木内監督は8番の宮田に「打て」のサインを出した（バスターヒッティングをするもセカンドゴロで併殺）。つづく4回表も先頭の1番・平野直樹がショート内野安打で出塁。だが、ここでも木内監督のサインは強攻だっ

た（2番・泉田はショートフライ）。もちろん、これには理由がある。

「ワンチャンス、フルベースあたりで一本3点が狙いでした。1点ずつ積み重ねていくってわけにはいかないんスよ。それはなぜかっていうと、あの子はコーナー、コーナーに放ってきて、とてもヒット打たせるような投手じゃないんです。ただ、ちょっと気を抜くときがあるんで、それを長打というのを考えてました」

気を抜く理由はいくつかある。ひとつは、性格面。この頃のダルビッシュは審判の判定はもちろん、チャンスで凡退した打者に不満を表したり、身体の異変をオーバーに表現したりと精神面の幼さが目立っていた。

「2年生でしょ。心のどこかにスキがあるもんなんですよ。目いっぱい来られたら、そうは打てないんだけどね」

この他には、タイプと故障。ダルビッシュはすでに最速149キロを投げる本格派であり、右下腿内側骨膜炎という故障を抱えていた。

「足を痛めてたでしょ。病名も出て、本人も自覚していた。そうなったら、スライダーか何かで流して楽なイニングをつくるだろうと考えてました。どっかに故障がある人ってのは、勝ってるときは何とかなるんスよ。気力が出っから。ところが、負けパターンに入ると気力が萎えてしまうことが多いの。だからリリーフで出てくるのが怖かった。後ろの3回か4回ぐらいを全力で来たら、そう簡単に点は取れねぇかんね」

東北には サイドから140キロの速球を投げる真壁賢守という好投手がいた。真壁が先発してダルビッシュにつながれると勝ち目は薄いと思ったが、先発で来てくれたことで木内監督のプランができた。

「あの人が途中で降りることはないだろうなぁと。9回もたないのはわかってました、ハイ。全力投球で9回ってことだよ。いいピッチャー、力投派っていうのは9回一生懸命放らないもんなの。必ず休むとこをつくるんですよ。抜けばオーバースローだからやっぱり左が打つでしょう。だから、9回までに3点は取れると見てたんです。完封されるなんて、思ってもみなかった」

下手にバントで得点圏に進めれば、気合を入れた投球をされてしまう。走者が一塁なら、全力投球はしない。その状況で勝負するために木内監督はバントを封印したのだ。

そしてもうひとつ、バントをしなかったのには理由がある。

「どうしても名前が通ってるとバント、バントと野球が小さくなっちゃうんスよ。小さくしちゃうと子供たちがのびのびしなくなっちゃうの」

こう言う木内監督だが、実は、同じように好投手相手にバントをさせて失敗したこともある。01年春の準決勝・関西創価戦。相手投手はのちに自由枠で巨人に入団する大会ナンバーワン右腕・野間口貴彦だった。0対1で迎えた8回裏1死二、三塁からスクイズを命じたが失敗。そのあとは強攻策で逆転したが、試合後、木内監督は反省していた。

「強気が一転、スクイズなどということをやったもんですから。試合を苦しくしちゃって。押せ押せで結果を考えずにやりたいんですが、『やっぱり同点にしとこうか』というような誘惑にかられてスクイズのサインを出しまして。負けてっときのスクイズってのは難しいんですよ。子供らリラックスしてたんですから、打たしてやるべきだったなぁと思ってたんです」

好投手相手に小さい野球では勝てない。のびのび野球が必要だとわかっていた。

「そんな意味で、いくらか点が入んなくてもいいから、押せ押せってやったと。早い回に送って1点ぐらい取ったところで、どうにもならない。それより五分でいって、7回か8回に2点か3点取っちゃって終わるのが理想。これが弱者の勝つ戦法です」

一気に2、3点取るためには長打が出るのが理想。思い切ってバットを振らせるためのバント封印でもあった。

そして、4回表。そのときが来る。ダルビッシュが抜いて投げ始めたのだ。木内監督はベンチで、「この回いける」とつぶやいた。

「ダルビッシュ君に『大丈夫だ』みたいなゆとりが見えたの。躍動感がなくなってきたでしょ。4、5、6（回）を流しにきて、7、8、9（回）と気を入れてくるんだろうと」

事実、このイニングのダルビッシュは明らかに抜いていた。本来のオーバースローではなく、サイドスローから何球も投げた。泉田が凡退後の1死一塁から坂が左中間に二塁打して1死二、三塁。松林が叩きつける打撃のサードゴロで三塁走者を迎え入れると、2死三塁から吉原がサイドから投げた内角球をうまくレフト線に落とす二塁打。さらに大崎も右中間に三塁打を放って一気に3点を奪い、逆転に成功した。

「なんで送らないいんだって言われましたけど、送ったって点取れませんもん。ダルビッシュ君を本気にしちゃったら点取れないの。1アウト二塁ならヒット1本でも点入っちゃうと思うから。打たしてくれない。なめてくれれば取れるの。押せ押せでやって、最後にその押せが活きた」

セオリー通りに攻めないのには理由がある。自信も根拠もあっての強行策。してやったりの逆転劇だった。

甲子園ヒットって知ってっか?

レフト前、センター前、ライト前。

甲子園では、どの方向へのヒットが多いかご存じだろうか?

答えはセンター前。理由はこうだ。

「甲子園はきれいにグラウンド整備してくれっかんね。ローラーかけて。守備位置とかランナーの走路はスパイクの刃でやわらかくなんだけど、マウンド周辺は人が通らないから硬くなんだろうね。大会の後半になるほど硬くなんだ。だから、ピッチャーの足もとを狙った打球は二遊間を抜けやすいんだね」

マウンドの後方からセカンドベース付近は硬いため、ゴロの球足が速くなってセンター前に抜けやすくなる。グラウンドの状態を見てサインを決めるのも木内野球の持ち味。木内監督は、常日頃からこんなことまで選手たちに話していた。

「グラウンドの跳ね具合を見て、跳ねれば打たしても大丈夫。野手が捕るまでに時間がかかっかんね。跳ねない状況のグラウンドになるとバントやらないとダメだ」

そして、この教えをもっとも大事な甲子園の決勝戦で活かした選手がいる。03年のキャプテン・松林康徳だ。東北・ダルビッシュ有との対戦。0対2で迎えた4回1死二、三塁で打席が回ってきた。ところが、ダルビッシュの球威と球のキレに押され、打球が前に飛ばない。2球ファウルを打ち、簡単に追い込まれたところで、松林の脳裏にふと木内監督の言葉が浮かんだ。

「『甲子園ヒットって知ってっか』って話をされたことがあったんです。『叩きつけて、ポーンと跳ねて内野安打になるヒットが多いんだ。甲子園はちょっとした雨では延期にできない。だから、グラウンドは硬くセッティングされてる。それで、ああいう打球が出んだよ』と」

松林がこの話を聞いたのは1年生のときだった。常総学院に移ってからは雨の日のミーティングこそなくなったが、要所でのミーティングは欠かさなかった。

「春夏秋の大会が終わったあと、それと大会の途中でもこれは言っておかなきゃいけないということがあればミーティングがありました。それと、冬だと2学年なので全員入る広さの記念館があるんです。講義は結構ありました。『茨城の球場はライトに伸びる風、甲子園はレフトに伸びる風だから一方向にしか打てないバッターはレギュラーにしない』とか、おもしろくて覚えてますね」

そうやって聞いた知識のひとつである甲子園のグラウンド話を、3年生になり、甲子園の決勝という大舞台の打席で、なぜか思い出した。

「あの打席は初球から高めを打ちにいってるんです。でも、前に飛ばない。だから、スクイズのサインを出してくれと思ってました(笑)。決める自信もありました。でも、出してくれない。じゃあ、どうしようとなったときに『あ、これだ』と思ったんです」

カウント1―2からの4球目。低めのストレートを松林は叩きつけた。高いバウンドのサードゴロ。松林は一塁でアウトになったが、この間に三塁走者がホームを踏んだ。

相手からすれば、打ち取っているにもかかわらず点を取られるいやらしい失点の仕方。この1点が流れを呼び、続く吉原の二塁打、大崎の三塁打につながった。

「2ストライクなので次は勝負球。高めに浮いてくるボールはない。低めにくるだろうから、その球をチョンと叩けば、絶対に弾むと思ったんです。周りからは『そんな一球一球考えられるわけないだろ』と言われるんですけど、それぐらい一球一球考えてましたね。周りからしたらただのサードゴロといわれますけど、一番考えて、ちゃんと1点挙げた。自分の高校野球人生のベストな打席ととらえています」

その言葉がうそでないことは松林のスイングを見ればわかる。明らかに振り切っていない。途中で当てたような打ち方になっている。4番でキャプテン。きれいなヒットを打ちたいと思っても不思議ではない。だが、チャンスで自我を殺し、地味でもチームに貢献できるプレーを選択する。これこそ、フォア・ザ・チームを大事にする木内野球の真骨頂。木内監督の観察眼と恩師の教えをしっかりと活かしたキャプテンでもぎ取った、価値ある1点だった。

先手必勝の表、ゆとりの裏

「まずじゃんけんから始まんだよ。先攻、後攻取りから。監督にはプランがあっから」

高校野球では、先攻後攻はキャプテン同士のじゃんけんによって決まる。先攻を取るか、後攻を取るか。試合はここから始まるといってもいい。

木内監督の場合、戦力的に見てこちらが優勢または五分五分までは後攻、劣勢と判断した場合は先攻を取るようにしている。

こちらが優勢な場合、焦ることはない。普通にやれば勝てるのだから、「大事に試合を進めていくべきだと思ってる」。まずは守って、一つひとつアウトを取り、自分たちのリズムをつくっていく。攻撃はオーソドックスに送りバントを使って、確実に得点を積み重ねる。万が一接戦になった場合でも、裏があれば「『1点取られても裏があるよ』って言うと、わりあいに楽に守れるようになる」。精神的に楽になるのだ。これを木内監督は「ゆとりの裏」と呼んでいる。

劣勢の場合は普通にやっても勝てないため、なんとか先制点を取って相手を焦《あせ》らすことが必要だ。いかに自分のペースに引き込んで野球をやれるか。

「(力関係が) 7対3とかね、これは逆さに立ったってかなわねぇって意識がオレにあったら、こちらが先行して向こうが追ってく苦しみを与える。それによって、向こうがペースをつかめねぇかんね」

先制点を取れれば、あとは攻めるのみ。

「こっちは勝ってんだから、何やろうと平気なの。だからノーアウトで盗塁してみちゃったり、そういう無謀なことまでやれる」

大胆な策を用いることによって、焦りの見える相手のリズムをさらに狂わせるのだ。

木内監督はこれを「先手必勝の表」と呼んでいる。

「四分六まではなんとかなるんですよ。高校野球ってのは。七三になるとこれは絶対勝てません」

常々こう言っている木内監督だが、その「七三」の勝負をものにしたことがある。84年夏の甲子園決勝・PL学園戦だ。

ともに2年生だった桑田真澄、清原和博のいたPL学園は、前年夏優勝、この年の春も準優勝。大会前から「勝って当たり前」と言われるほど、優勝候補の大本命だった。しかも、夏の大会前の6月24日に水戸で行われた招待試合では0対13で負けている。しかも桑田の前に8回1死までパーフェクトに抑えられ、石田文樹のセンター前ヒットで記録を免れるのがやっとの完敗だった。

「あのとき、2回やれば2回とも絶対に勝てない相手だと思った。3回に1回、5回に1回しか勝てねえ相手がPLだと」

さすがの木内監督もお手上げの実力差だった。キャプテンの吉田剛はじゃんけんに負けたが、先攻となり、初回の攻撃。取手二は吉田、佐々木力が簡単に倒れて2死となるが、下田和彦がセンターオーバーの二塁打。続く4番の桑原淳也もセンター前にはじき返したが、これをPLのセンター・鈴木英之がトンネル。打球が外野を転々とする間に打った桑原もホームまで走り、2点を先制した。

高校生のパフォーマンスは精神状態に左右される。つい2か月前に圧勝した相手にミス絡みで2点を先取され、PLナインは浮き足立つ。水戸では爆発した打線も石田に5回まで3安打無得点。「こんなはずはない」という気持ちが焦りを生んだ。4対1とリードされた8、9回に意地を見せて同点にするが、一度失った主導権を取り戻すことはできない。10回表に桑田が中島彰一に3ラン本塁打を許して万事休した。

取手二の優勝まであと3人という9回無死から起死回生の本塁打。延長戦では有利といわれる裏の攻撃。それでもPLが流れを呼べなかったのは、序盤に自分たちのリズムがつくれなかったから。その象徴が桑田だった。それまで5試合を投げ、1試合平均被安打5・4、与四死球0・9という投手が、この日は12安打4四球を許した。準決勝まで5試合でわずか1失策のPLは守備でリズムをつくるチーム。桑田のテンポのよい投球がそのリズムを生んでいた。

初回に桑田を狂わせ、守りのミスを誘ったのが勝因。「先手必勝の表」の鉄則通りの先制攻撃だった。

教育リーグが春、トーナメントが夏

84年センバツの準々決勝・岩倉《いわくら》（東京）戦。3対2とリードして迎えた8回表、木内監督は動かなかった。それが春より夏の優勝回数が多い理由でもあるし、夏に勝てる理由でもある。

2死二塁で打席には左打者の内田正行。前日の試合で3ラン本塁打、この試合でも初回に犠飛を放つなど当たっていた。一塁はあいている。右肩痛で本調子ではないエース・石田文樹の状態を考えると、敬遠してもいい場面だ。1回戦で出場校中最高打率を誇る松山商（愛媛）を救援で5回無安打に抑えた左サイドハンドの柏葉勝己も控えている。ワンポイントという手もあった。

「もし夏の大会だったら、子供たちに敬遠の指示を出してますよ。でも、春だからね。春の大会はまだ勉強の一過程なんスよ。ですから、子供たちの思う通りにさせたと」

木内監督から「歩かせても勝負してもいい」と言われたナインは勝負を選択したが、石田は内田に二塁打を浴びて追いつかれ、続く岩佐智にも二塁打を打たれて逆転を許した。

「打たれても石田に貸しをつくっておいてやろうという考えだね。夏に向けて、石田にエースの自覚を持たせなくちゃいかんと。それも苦しませながらね。その生きた勉強が甲子園でできるんスから。願ってもないチャンスでしょうよ」

内心では「歩かせるべき」と思っていたが、あえて言わなかった。打たれてもいい。相手に向かっていく姿勢、勝負する気持ちを見せてほしい。木内監督はそう思っていた。

「それこそがエースでしょうよ。あの苦しい状況の中でね、苦しみながら投げ抜いてこそ信頼も勝ち取れるし、彼自身の自覚にもつながんですよ」

センバツ前の3月7日から千葉・飯岡《いいおか》で行ったキャンプの2日目に肩痛に襲われた石田は、大会後も痛みが取れず、木内監督に何度も「ピッチャーやめろ」と言われた。肩痛は夏の茨城県大会まで尾を引き、投球回数は柏葉の29回3分の1に対し、石田は約半分の14回3分の1。甲子園初戦（2回戦）の箕島戦の先発も柏葉に譲った。

だが、そこから石田はよみがえる。柏葉を救援した初戦の好投で波に乗ると、3回戦、準々決勝と連続完投。準決勝、決勝も踏ん張り、取手二を初優勝に導いた。PL学園との決勝では1回戦で1試合3本塁打を放っている清原和博から2奪三振。最後の夏、ここ一番で粘れた要因は、春の甲子園で学んだ「オレがやるしかない」というエースの自覚だった。

もちろん、春は投手だけの勉強の場ではない。打者に対するサインも変わってくる。01年センバツの準々決勝・東福岡（福岡）戦のこと。東福岡には前年秋の明治神宮大会で3対12と大敗を喫している。リベンジが全員の合言葉だった。力は相手が上。少しでも早く、1点でも多く点を取りたい。そんな試合だった。だが、木内監督は2死以前で3度あった満塁の好機はすべて強行策。その結果、1度は併殺打になるなど、チャンスを2度つぶした。

「スクイズでもやるべきなんでしょうけどねぇ。夏の大会ならやるでしょうねぇ。春ですから、夏の肥やしにしなきゃならん、チームをもっと成長させなきゃならんってのがありますから。春はやっぱりヒーローをつくって帰りたいみたいなのがあるんですよ。ヒーローをつくって自信をつけさせたい、みたいなのがね」

この大会で常総学院は優勝。決勝戦こそ犠打3つに3度の継投策と「茨城に（春の優勝）旗が来てねぇから取りにいく采配をした」木内監督だが、準決勝までの4試合は、「春は勝利よりも勉強の場」という姿勢を崩していなかった。

「春は負けてももう一回ってのがあんですよ。もう一度挑戦があんの。夏はこれっきり、これっきりなんだよね。だからやっぱり夏はチャンスを確実にものにできる方法を講じないと。たらればがあって負けると一生後悔するだろうと」

だから夏は細かい野球になる。特に県大会では、勝つため、甲子園に行くためにバント、バントということもある。

「教育リーグが春、トーナメントが夏だというふうに考えてます」

すべては夏のため。夏に勝つために春がある。

優勝するチームあたりに、サヨナラ負けとか1点差負けすっと理想だわな

春13勝6敗（優勝1回）、勝率・684。夏27勝13敗（優勝2回）、勝率・675。春夏別の木内監督の甲子園での成績だ。夏の方が出場回数も優勝回数も多い。これは木内監督が、あくまで夏を目標としたチームづくりを心がけてきたからだといえる。高校野球の集大成は3年生の夏。最後の夏にいい思いをさせてやりたい。そんな親心からのことだ。

93年の春、新チーム結成後36連勝と無敗で甲子園に乗り込んだときも、木内監督はこんなことを言っている。周囲が優勝候補と騒ぐにもかかわらず、だ。

「春はできれば2つ勝って、課題を持って帰ってきたいですね」

春に勝てるにこしたことはないが、目標はあくまで夏。そのためのステップという位

置づけだ。

木内監督の中には、夏勝つために春の出場を狙うという意識がある。

「どちらかっていうと春は悔しい思いをして、そして夏を迎えた方がいいんだよ。だって成長段階がそういう段階だから。そう言って大会に出てきたんでは怒られっかんよ。毎日（新聞）さんに悪いかなとも思うんだけど。ガハハ」

甲子園はどの球場よりも選手を成長させる場所。春の甲子園で試合をすることは、どんな練習をするよりも効果がある。夏に出場したときのために甲子園に慣れておくという意味もある。

そしてもうひとつの狙いが、全国で一番のチームの実力を知ることだ。

「頂点ってのはどれぐらい強いから頂点なのかってのがわかんないんだから、子供は。その頂点を感じさせるっていうことが大事でね。優勝するチームあたりに、サヨナラ負けとか1点差負けすっと理想だわな」

その理想通りだったのが84年の春。準々決勝で、優勝した岩倉に3対4の1点差負け。それも3対2とリードした8回表に逆転されてのものだった。実は、8回のピンチで敬遠やリリーフを送る手もあったのだが、「目標は夏」と木内監督はあえてそれをしなかった。

結局、この試合は大いに意味があった。自分たちの実力がどれぐらいかわからなかった子供たちも、これで「なんだ、あれが優勝すんのか。オレたちも頑張れば優勝できるんじゃないか」という思いになったからだ。そしてそれが、夏の優勝につながった。春の経験を活かし、春に感じた頂点の実力を目指した結果だった。そしてそれは、木内監督の「勝利よりも経験」という姿勢がもたらしたものでもあった。

負けモトで来る監督さんが嫌なの

木内監督が取手二を率いて甲子園に初出場したのは77年の夏。監督生活28年目のことだった。

「オレは優勝することを目的としない学校の監督だったの」

公立校としては全国でも一、二の東大合格者数を出す土浦一、女子校から共学に変わったばかりで、「男の子がいるよ。男らしく育てますよ」と周囲に知らせるのが目標だった取手二では甲子園などとても考えられなかった。

甲子園とは無縁のところで野球をやっていた木内監督の楽しみが「シード校の足をすくうこと」。選手たちはとてもじゃないが、シード校に勝てるとは思っていない。そんな選手たちに「勝て」と言っても始まらない。だから、木内監督はこんな言葉をかけていた。

「勝っても負けてもいいから気楽にやるっぺ」

試合中にはこうだ。例えば、3点を先制されたとき。

「やっぱりシード校は強いわ。しかし、まぁ、せっかく大勢の人が見に来てんだから恥はかきたくねぇな。2点取ってみればかっこよくなっぞ」

どうせ負けるのでも、恥はかきたくない。少しでも食いついて、慌てさせてやろう。苦しめるだけ、苦しめてやれ。そう思わせるとかえって子供たちの反撃意欲が出てくるのだという。

その姿勢が活きたのが全国優勝した84年夏の甲子園初戦。相手は優勝候補に挙げられていた和歌山・箕島だった。嶋田章弘（阪神1位）、杉本正志（広島1位）とその秋のドラフトで1位指名される大型投手2人を擁していた。

センバツ8強の取手二の評判も高かったが、エースの石田が肩痛。茨城県大会でも思うように投げられず、メドがたたなかった。木内監督は「(相手も緊張する) 初戦だからなぁ、というのがなぐさめで、あとはどう考えても勝てる気がしなかった」と言う。

案の定、1回、2回に1点ずつ失うと、7回にも1点を追加されて0対3。敗色は濃厚だった。8回表の攻撃に入る前、木内監督は円陣でこう話した。

「このままじゃ取手に帰れねぇべ。我孫子《あびこ》で電車降りて歩いて帰るしかねぇよ。このままじゃしょうがねぇ。お前ら、おみやげ代わりに1点でも2点でも取れよ」

追いつかなくちゃいけない、と焦っていた取手二ナインはこの言葉で変わった。「ヒットでつないで1点でも返せばいい」という気持ちから力みが取れて、鋭い当たりを連発。塙博貴、下田和彦の三塁打に相手のエラーも絡んで一挙5点を奪い、逆転に成功した。

「みんながね、打ちたくて打ちたくてムズムズしてんですよ。そのはやる気持ちがいけないということを注意しましてね。ボールを振ってるよ、いいボールだけ打とうというようなことで。3点目を取られて開き直りができたんですね。それでボールを見るだけの余裕ができたんですよ、ハイ」

「負けるわけにはいかない」と気負っていたところから、「負けてもいいや」と気持ちが変わり、開き直ったことが、本来の実力を発揮させることにつながった。

弱者の戦いに慣れているせいか、分が悪い相手と対戦するとき、木内監督はしばしば〝負けモト精神〟を口にする。同じく84年、決勝で桑田真澄、清原和博のスーパースターを擁するPL学園と戦うときも、まさに負けモトだった。6月の招待試合では0対13と完膚なきまでに叩きのめされている。

「PLにはどうにも勝てそうもない。負けんだ、絶対に。ここまで来れたこと自体ができすぎなんだから、もう負けてもいいわと。決勝まで来たからって、ぎすぎす勝ちにいくと、また13対0みたいな野球になっちゃうんです。ところが、これが勝っても負けてもいいわみたいな気楽さでやると、2、3点取られたところで気落ちしねぇんだ。『恥かきたくねぇな。1点でも取って追ってやろう』って反撃の意欲もわいてくるもんなの」

無欲だったのがプラスに働き、取手二はPL学園を破る大金星を挙げた。

「PLは日本一を狙うチーム。こちらはチャレンジャー。そういう気楽さがあったですね。負けモトだったから実力が出たんだね。受けにまわったらちょっと実力が出にくかったと思うんですが、ホントに火事場のバカ力が出ました」

センバツ初優勝を果たした01年春の東福岡戦も同様。東福岡には、前年秋の明治神宮大会準決勝で当たり、3対12で大敗していた。ところが、甲子園では終始リードを奪って4対2の勝利。試合後、木内監督はこう言っている。

「まぁ、開き直りでしょうね。私は四分六で負けると思ってたんですが、子供たちには非常に神宮で負けた悔しさがあって、抽選会からこのチームとやりたいと言っていた。それで、『勝っても負けてもいいから、力だけは出してみな』みたいな話をしたんですが、やっぱり、負けを恐れない野球ってのは強いんだなぁと思います」

こういう野球をやってきたからこそ、私学の常総学院を率い、逆の立場になったとき、

〝負けモト〟でくる監督を警戒していた。

「〝負けモト〟でくる監督が嫌なの。3点取られて『2点取ってみな。かっこよくなっぞ』って言ってる監督が嫌なんだ。野球ってのは、七三の実力差はまず勝てねぇっスよ。ただ、〝負けモト〟できて、『苦しめるだけ苦しめてやれ』みたいな野球をやると、ときどき大物を食えるときがあるんスよ。ウチなんかもそれが得意なんスけど、その野球が一番楽じゃないスか。野球ってのはね、〝負けモト〟、負けても当たり前ってのが一番力出せます、ハイ」

いかに勝ちを意識せず戦えるか。そこに大物食いのヒントがある。

勝ちにくる監督さんはカモなんですよ

「おっ、この野郎」

木内監督がそんなふうに思うときがある。先攻後攻を決めるじゃんけんで、格下と見ている相手が後攻を選択してきたときだ。

「じゃんけんしてみっとわかるの。守り取ってくっから。それは、勝ちにきてんの。オレが見て、オレの方が強いのに」

08年夏の茨城県大会初戦で茨城東がじゃんけんで勝って後攻を取ったと聞いたときは「腹が立った。挑戦者は先攻を取るもの」と怒りを隠さなかった（14対0の7回コールドで圧勝）。

ただ、そういう監督は木内監督からすればカモだという。

「昔はシード校と当たるときは先攻だったんだ。今の監督は競ったときに間違ったら裏があった方が楽だと、これだ。それも考え方だ。そこまで夢を持てる監督さんは偉い。その代わり、オレは先制点を取ってやっぞ。先攻なんだから。先攻だったら先制点を取らなきゃ意味がねぇんだよね」

相手が勝ちにきている分、こちらが先制点を取る意味は大きい。「やっぱり強い」と思わせれば、精神面で断然有利に立てるからだ。もともと実力は上。こうなれば完全にこちらのペースになる。

「そういうことで、初回はおおらかに攻めねぇんだな、やっぱり。ちょっと厳しい攻めをするんだよ」

例えば、左投手の場合。無死一塁からバントで送る。三盗して1死三塁となったところで、すかさずスクイズ。3人で1点をもぎ取る。あるいは、無死一塁から思い切って打たせる。打力の違いを見せつけ、相手をビビらせるのだ。

「相手がグラッとくるような先制パンチを出さなくちゃいけねぇのが先攻なんだ」

先制点を奪えば、中盤は確実に送って得点を重ねる。

「勝ちにきてる相手ってのは、先制、中押しするともうペシャンってなっちゃいますから」

中盤までにリードを奪えば、相手は「やっぱりかなわない」と戦意喪失する。県大会なら、これでコールドだ。

この戦法は進学校を相手にするときにも有効だ。進学校の選手というのは、〝計算〟をするのがクセになっている。受験でも、受かりそうな大学に入るための勉強はするが、受かりそうもないとわかると志望校を変更する。野球も同じ。試合中に「これは無理だ」「これなら頑張ればいける」と判断。そのあと、どんなプレーをするかを決めるのだ。

木内監督の母校である土浦一は公立校では東大合格者数が全国1位になったこともある（97年度・01年度）という全国でも屈指の進学校。自らプレーした経験、指導した経験から進学校の選手の気質を熟知していた。

「負けっときはから弱いくせに、大物食うときはノーエラーになっちゃうんスから。グラブ出しゃ入るようになっちゃうんス。勝てると思うとね。これが負けてると、『こんな野球やってんなら勉強した方がいい。負ける野球やんなら勉強した方がいい』っつうんですから。そんなこと言う高校生いないからね、まず」

「勝てるかもしれない」と思えば勉強で鍛えた集中力が高まり、実力以上の力を発揮するが、「これは勝てない」と思えばあきらめが早い。先制、中押しをすれば追ってこなくなる。

この傾向を踏まえて戦ったのが03年夏の甲子園3回戦・静岡戦だった。野球部には裁量枠という県独自の推薦制度があるが、学校自体は静岡県屈指の進学校として知られている。

「だから、静岡は怖かったんだ」

取りこぼしのないよう、確実に点を取りにいった。2回にスクイズで先制すると、3回にも無死の走者を手堅く送って追加点につなげた。得点にはならなかったものの、4回にも無死の走者を送りバントで進めている。チャンスをつくるだけでなく、ゲッツーで下手に流れを渡さないためだ。これに対し、静岡は6回2死まで無安打。7回に唯一、1死満塁と反撃の姿勢を見せたが、その他にチャンスらしいチャンスはなかった。

「静岡さん元気ないと思ったんですけどね。追ってこないんスよ」

相手に「勝てるかも……」と思わせるスキを見せなかったことが、7対0の完勝につながった。

「長年やってるうちに、このタイプのチームはこう扱うんだっつう戦い方が多少わかってきた気がすんです」

相手監督の性格、相手チームのタイプによって攻め方を変える。変幻自在の木内采配の理由が、ここにもある。

悩んでんのを少し上に上げてやることによって、いくらかやる気が働く意欲をかきたててもらおうかなぁと

4番が中島→桑原→桑原→桑原→桑原。5番が石田→石田→石田→中島→中島。6番が柏葉→中島→中島→石田→石田。取手二で優勝した84年夏の甲子園。木内監督は1〜3番は固定したが、4〜6番を何度も入れ替えた。

「いくらも違わねぇんですよ、技術的に。そうすっと、このピッチャーは誰が得意なんだと。あのタイプのピッチャーは、どこそこの学校のヤツにそっくりだ。あのときは誰が打ったたっけなぁって思い出すわけ。で、このピッチャーにはこいつの方が強そうだっつうのを上に出すと」

2戦目以降は4番に座った桑原が初戦では7番だったように実力に差はない。打順変更には、木内監督が予測した相手との相性と入れ替わる選手間の気持ちを刺激する狙いがあった。

「これをするには、やっぱり見てないとダメなんスね、日頃の練習を。だから私は、人と喋っててもバッティング練習を目で追ってんの。それで『こいつはアウトコース低めのカーブをうまく打つな』と頭に入れとく。今日はアウトコースを多く放るピッチャーだから、こいつを上に上げようとか、今日はインコースを多く放ってくるピッチャーだから、近めしか打てねぇあいつを使えとか。いかに点を取れる打線を組むかってことなんだね。だから試合によって、メンバーが多少違うってことがあるんです」

常総学院で優勝した03年夏の甲子園も初戦から2回戦以外は大きく打順が変わることはなかったが、小さな入れ替えは毎試合行った。準決勝の桐生第一戦では3回戦、準々決勝で7番だった井上を6番に上げ、6番の大崎を7番に下げた。

「悩んでんのを少し上に上げてやることによって、いくらかやる気が働く意欲をかきたててもらおうかなぁと。ホントは大崎が前の方がいいんですがね。大崎の方が足が速いですから」

井上は初戦の柳ヶ浦戦の第2打席でタイムリー二塁打を打って以来、安打が出ていなかったが(8打数1安打)、4回裏の第2打席で2対2の均衡を破る三塁打を放った。それまで10打数1安打だった大崎は三塁打を含む2安打と犠飛。ともに左打者で投手のタイプを見ての入れ替えではないだけに、打順変更による気分転換が好結果につながった。

大きく打順を変えなくても、ちょっとした刺激で選手の精神状態は変わる。一見何気ない打順変更に映るが、この微妙なさじ加減も木内監督の観察眼の賜物《たまもの》なのだ。

性格上、4番を打てないバッターなの

4番が変わる。これが木内采配の特徴のひとつだろう。84年夏の中島→桑原をはじめ、87年夏は福井隆博→島田、88年夏は高橋健司→福井、98年夏は柴一之→久保正芳、01年夏は上田祐介→横川、02年夏は飯島→横川と夏の甲子園の大会中にも4番打者が変わっている。

4番に限らず、オーダーが変わるのが木内野球。取手二で優勝した84年夏の5試合、常総学院で優勝した03年夏の6試合はいずれもすべて異なるオーダーだった。これには、こんな考えがある。

「相手のピッチャーのタイプを見てね。誰が打つタイプのピッチャーで、誰が嫌うタイプのピッチャーだということによって、打線が変わっちゃうと。オレにしてみれば一番合理的。プロは固定しなくちゃなんねぇっつうのがあっけどね」

だから、常総学院には元4番が何人もいる。03年夏は坂、松林に加え、背番号2ケタの選手の中にも飯島、藤崎、上田と経験者が3人もいた。

「4番に『看板かけろ』なんて話はしますけどね。オレだってびっくりしてんだよ。去年の秋からすべての大会で4番バッターが違うんだから。その連中がなぜ4番を死守しねぇんだというところにオレの一番の怒りがあんだけどね」

この年、木内監督は坂を4番に固定するつもりだった。01年センバツ優勝直後の夏にいきなり1年生でレギュラー入り。2年生時は3番、5番とクリーンアップを打った。守備はショートでのちにプロ入りする看板選手。誰も異論はない。ところが、坂には4番を任せられない原因があった。

「4番はダメなの。プレッシャーかかって。性格上、4番を打てないバッターなの。まぁ、まだ子供だから自分の性格を変えてまで戦えるだけのゆとりがねぇんだね。ホントは坂が4番打ってくれんのが一番いいのよ。ただ、坂が4番だとどうもギスギスすんのよ。マジメすぎて萎縮するようなとこがあんの。勝負師じゃねぇのよ、坂は。練習の虫ではあるが、勝負師じゃないの。だから4番バッターにはなれないと思ってんです」

坂の代わりに4番を任されたのがキャプテンの松林。長打を打つ打者ではないが、努力家で実戦に強い。能力よりも人間性を評価されての4番だった。

「あれは試合用の選手だから。練習見てっと4番打たしたくなくなっちゃうんですが

（笑）。試合になると打つんで、『こいつしかないか』とこうなるんです。松林の人間性を買って4番。そういうことで打順が変わるようじゃしょうがねぇんですけどね」

結果的にはこの打順変更が功を奏す。4番に座った初戦で3打数ノーヒットに終わった坂は、2回戦以降の5試合は3番に入って17打数7安打、打率4割1分2厘の活躍。初戦は5番で3打数1安打だった松林は、2回戦以降は4番に定着。15打数6安打の打率4割を記録し、重責を全うした。

「適材適所ですね。坂が4番で硬くなんだったら、3番で楽に打たした方がいいんじゃないのと」

能力ではなく性格で決める。「4番打者はこうあるべき」という先入観や理想ではなく、誰がどこにいると力を発揮しやすいかを見て決める。固定観念にとらわれない柔軟な発想が、木内流オーダーの基になっている。

あがるヤツ探してんスよ。夏の大会であがられっちゃうとみんな道連れにすっかんね

選手があがることに敏感。

甲子園では、「もう誰があがるかってのは戦う前からわかってんの。それだけマークしてりゃいいのよ」と言っていた木内監督。その確認の場として利用していたのが春の大会だった。甲子園に直結しないため、プレッシャーは小さい。だが、関東大会まで行けば、相手のネームバリューもあり、学校によっては応援団を派遣する。夏の大会の雰囲気を少しだけ味わえる。

09年春の関東大会・高崎商（群馬）戦。木内監督は序盤からどんどん選手を代えた。8番ライトの2年生・神佑輔は2回表に三振したところで交代。7番ショートの2年生・柴崎利大は4回表に三振したところで交代。4番ファーストの2年生・後藤勇希は5回表に三振をしたところで交代させた。

「いつも何人かあがるヤツがいて。あがるヤツ探してんスよ。夏の大会であがられっちゃうとみんな道連れにすっかんね。ゲームに強い子と練習が強くてゲームに弱い子がいるんスよ。ファーストのヤツは今年初登録。オープン戦打ったから4番。そしたら非常にあがりやだった。ショートがめちゃくちゃあがりやなんスよ。だから『ショートを替えなくちゃいかんよ』と前から言ってたんだけど。まぁ、夏の大会でしくじらないように、いろんな試合をしてるんです」

8番の神は2回表1死一、三塁の場面でセーフティースクイズのサインが出ていたが、バントの構えはしたもののストライクを見送った。

「サインが出てんのに『ボールだと思った』っつうんですよ。私から見たら、そうじゃないスね。セーフティースクイズをやる気がなかったスよ。おそらく白くなっててサインを見落としてんじゃないでしょうかね」

4番の後藤は第1打席で空振り三振。第2打席はサードゴロエラーで出塁するが、第3打席は2死三塁でワンバウンドを振って空振り三振に終わった。ショートの柴崎は第1打席でヒットを放ったものの、3回表の守備でフライを落球。直後の4回表にまわった第2打席は見逃し三振だった。

「あのショートは県大会も第1戦2失策だから。そっからノーエラー。そういう子なの。もうあきらめなくちゃいかんだろうと。甲子園に行ってあれだけやられたんではダメだよというのがあってね。ショートはノックのときからお手玉を6個やってんですよ。ショートフライは県大会でも同じ球を落っことしてんの。だからその瞬間に思い出すんだね。県大会の1回戦と同じことをやる。これは性格からくるもんで、直しようがない。そういうのがあっから、もう替えなきゃいかん。使いものにならねぇと。うまいから使えばいいもんじゃない。みんなを道連れにしちゃうんでね」

高崎城南球場で行われたこの試合は、春の大会とはいえ高崎商のブラスバンドが来ていた。地元校と常総学院の対戦。第2試合も地元の東農大二（群馬）と横浜の試合が予定されていたため内野スタンドは満員。本番に近い雰囲気だった。

「ブラスバンドの太鼓がね。おなかに響いて、響いて。甲子園でも相手の音がここ（おなか）に入っちゃうんスよ。あの経験を（今年）初めてさせてもらった。私も子供らもあがってないはずなのに、ズンズン響いた。こういう経験はね、やっぱりここへ来なきゃできない経験です。ありがたいと思ってます。私も思い出しました。太鼓が響くっていうのを（笑）」

春の大会は夏のシード権さえ取れればいいという考えの監督もいるが、そうではない。甲子園にはつながらないとはいえ、やはり、大会でしか味わえないことがある。だからこそ、木内監督はこの大会を選手の見極めの場として利用する。

「本当は硬くなる必要はまったくねぇんですけどね。負けんのが怖くない大会っつうのは、この大会ぐらいのもんですから。だからこれであがるんでは、本番になったらどうしようもねぇだろうと。『勝つ必要はないんだよ』と言ってやってるのにあがるというのは、やっぱり自分に勝てないということ。本大会では使わねぇよって話はしてんです」

どれだけ能力があっても、実戦で発揮できなければ意味がない。どれだけ練習試合で結果を残しても、公式戦で結果が出なければ意味がない。能力ではなく、夏の大会で戦える性格かどうか。ここを見誤らないことが、指導者の責任なのだ。

調子悪いチームがコールド勝ちでスタートしたら、野球を甘く考えっから

5回を終わって5対0。スタンドにいた観客のほとんどが常総学院のコールド勝ちを予想していただろう。03年7月13日に行われた茨城県大会の初戦・水《み》戸《と》桜《さくら》ノ《の》牧《まき》との試合。

だが、木内監督はそれをさせなかった。

そのとき、チーム状態は最悪だった。

「今年のチームはね、出遅れてたんです。7月15、16日ぐらいまでは勝てるチームどころか、絶望的なチームだったスから」

大会直前まで追い込んだ結果、疲労が蓄積して本来の動きができない。特に打者のスイングは鈍っていた。

「あのまま左ピッチャーの仁平を投げさせてたら、7対0の7回コールドだぞ、あれは。でも、不調なんだから、チームが。不調なチームが7回コールド勝ちしてスタートしたら、野球を甘く考えっから」

5回まで2安打6奪三振とほぼ完ぺきな投球をしていた仁平を代え、6回から飯島を

投入した。甲子園では大車輪の活躍を見せた飯島だが、このときは痛めていた右ひじの不安から絶不調。その状態をわかっていての起用だった。

案の定、飯島は相手の6番打者に本塁打を浴びるなど2点を献上。7回途中から救援したエースの磯部も8回に1点を失い、5対3まで詰め寄られた。

「ホントにねぇ、おあつらえ向きに放ってくれたよ。そういう演出は実際はできないよ。ただ、ああいう経験をしたいんだよ、早くね。（大会の）後ろであいう経験すっと、ひっくり返されることあっから。いくらか余裕のあるうちにね」

なぜ、わざわざこんなことをするのか。それは、高校生の心の怖さを知っているからだ。取手二が夏の甲子園で優勝する前年の83年のこと。当時から翌年の優勝メンバーが主力で春のセンバツに出場。夏の茨城県大会も優勝候補の大本命だった。ところが、4回戦で佐竹《さたけ》に3対5で敗退。甲子園出場を逃してしまう。原因は6月26日に行われた招待試合にあった。

エース・水野雄仁《かつひと》（元巨人）を擁してセンバツで優勝、前年夏と夏春連覇を達成した池田に13安打を浴びせて破ったのだ。

「池田に勝ったのが過信になった。『自信になるだろう』ってのは大人の解釈なの。子供らに勝たせてごらんなさい。子供ら、日本一のチームに勝ったんだから、茨城のチームなんか目じゃないって思うに決まってんの。テングになったんだねぇ。相手をなめちゃう。そんときに県内の格下のチームに食いつかれっと、ガタガタいって力を出し損なっちゃったりするもんなの。それで取りこぼしちゃった」

過信、慢心は敵。だから、そうならないようにあえて苦しい思いをさせるのだ。全国で戦える力があるがゆえの落とし穴。そこにハマる前に木内監督は手を打つ。強いチームのときほどこの荒療治が必要。木内監督にとっては、珍しいことではない。

夏の甲子園で4強入りした93年の夏にも同じようなことをしている。同じく茨城県大会初戦の伊奈《いな》との試合。4回まで2対0とリードしていたが、三塁打を打たれると、「わざと苦しい試合を経験させて選手たちの気持ちを引き締めたかった」と、そこまで10奪三振のエース・倉則彦を突然交代させた。このときは救援した佐藤一彦、森豪士が打ち込まれ、8回表に打者一巡の猛攻を食らって6対8と逆転を許してしまう。負けの2文字がちらついてきた8回裏に金子誠の本塁打、4番・根本健志の三塁打が出て再逆転。事なきをえたが、木内采配が仇《あだ》となり、「あわや」という試合だった。

だが、甲子園でこの経験が活きた。準々決勝の小林西（宮崎）戦。2点リードの9回2死満塁から倉が二塁打を打たれて同点。逆転を狙った一塁走者をショート・金子の好返球で刺してなんとか踏みとどまると、直後の10回表に2死無走者から内田隆博、金子、根本、木村友紀の4連打で3点を勝ち越し、勝負を決めた。試合後、木内監督はこう言っている。

「県大会の初戦でも2点負けててあと2イニングってところで金子、根本とホームラン、三塁打というのがありましてね。それを再現しました。あんなときになんなくちゃ燃えねぇんじゃ、困ったなと思ってたんですけどね」

「ものを考える余裕がありませんでした」（根本）、「嫌なことが頭をよぎりました」（金子）という伊奈戦の経験があったからこそ、ここ一番で踏みとどまることができたのだ。

高校生にとって、経験ほど大きなものはない。「一度は死んだ身」と思える経験こそ、心を強くし、心のお守りになるのだ。想定外が想定内になる。経験が余裕を生み、そのときに得た自信が技術よりも大きな力になる。

あえて苦しい試合を経験させるという普通の監督では怖くてできないような采配を平気でしてしまうのが木内流。木内マジックは人一倍の大胆さ、度胸に支えられているのだ。

各大会ともつく選手がいるんですよ。ラッキーボーイをつくり出すとゲームが楽に進んでいくんです

01年2回戦18人、3回戦15人、4回戦16人。08年2回戦19人、3回戦15人、4回戦16

人、準々決勝15人、準決勝18人、決勝15人。09年2回戦19人、3回戦18人、4回戦16人――。茨城県大会で木内監督が1試合で起用した選手の数だ。たいていの場合、ベスト8以前となる4回戦までに多くの選手を使う。

ベンチ入り20人中18人を起用した98年夏の3回戦・古河三戦のあとは「上に行く前に使っておきたい選手がたくさんいたから」と言っていたが、こうするのは試合に出場することで大会の雰囲気に慣れさせるためだけではない。

理由はいくつかある。

「大阪で勝つことを考えてっから。これまでは教育リーグ。準決勝で2点、決勝で3点以内に抑えないと大阪では通用しない。もっとギラギラしてくれないと」

これは、98年夏の準々決勝・土浦三戦のあとのコメントだ。00年夏は「若い選手に経験を積ませたいからね。勝ち上がってからベストメンバーでいく」と1年生からクリーンアップを打つ主砲・後藤宏樹を2、3回戦でスタメン起用しなかった（代打で出場）。大会の序盤では、前項で紹介したようにあえて苦しい試合をさせてやろうという考えも持っている。公式戦を練習試合感覚でやっているのだ。

もうひとつの理由は、11年夏の4回戦・守谷《もりや》戦のあとのコメントに表れている。

「やっと使える人と使えねぇ人がわかりました。これで明日からベストメンバーでできると思います。よく一戦必勝っていうけど、優勝するチームがそれじゃダメなんですよ。

狙って優勝しないと」

多くの選手を使いながら、優勝するために使える選手を探すのだ。

「大会に入っても、監督ができることはあるってこと。大会に向いてるかどうか、人が大勢入ったときに働くというのは、性格でいうと、やっぱりちょっとスタンドプレーが好きな人に多いんだよ。それはそれで必要なの。大会になればね。その代わり、そういうヤツはオープン戦のうちはうんと地道な野球をやらしてやると。だから、適材適所ってあんのよ。オープン戦のときにいい子と、チームの紅白戦のときに働く子とみんな違うの」

02年夏の茨城県大会決勝・水戸商戦ではこんなことがあった。1対6とリードされた6回裏、無死から木内監督が動く。原周、持田貴弘、泉田正仁と3人の代打を送ったのだ。原がセンター前ヒットで出ると、続く7番・宮崎渓が二塁打で二、三塁。このチャンスに持田はライト前タイムリー、泉田もセンター前タイムリーで応え、この回4点。7回裏の大崎雄太朗《おおさきゆうたろう》（元西武）の決勝3ランを呼び込んだ。

準決勝までの成績は原が1打数0安打、持田が4打数1安打、泉田が1打数0安打。目立った成績こそ挙げていないが、明るくてチームの人気者・原、キャプテンでチャンスに強い持田、1年生ながらバッティングは中軸の力を持つ思い切りのいい泉田とそれぞれの特長を把握したうえで使ったのだ。代打が3人続けてヒットを打つのは奇跡に近い。さすがの木内監督も「やぶれかぶれでしたよ。50年の体験の中で3つの指に入る試合。監督として私の歴史が変わりました」と涙を流したが、それまでの練習と試合で準備をしていた成果が出た。

使える選手を探す姿勢は、甲子園に行っても変わらない。起用する選手の数こそ少なくなるが、ポイントで選手を試す。03年夏の甲子園2回戦・智弁和歌山戦の5回裏2死二、三塁の場面で（62ページからの項参照）、前の試合決勝タイムリーの井上に代えて上田を起用したのも同じ理由だ。

「今まで使ってもらえなかったでしょ、元4番が。意地を見せるかなぁと思ったんです。『オレを使え』ということを証明してくれるかなぁと。そうやってチャンスをやりながら、使える選手を見つけ出すんですよ。各大会ともつく選手がいるんですよ。ラッキーボーイ的なもの。それをつくり出すとゲームがわりあいに楽に進んでいくということがあって、探してるんです」

ラッキーボーイはレギュラー以外にもいた方がいい。劣勢の試合でもその選手が出ることでベンチの雰囲気が変わるからだ。ベンチに入れている以上、全員が戦力。その中で大舞台に強い選手、ツキのある選手が誰なのか。それを見極め、起用するのも監督の役割だといえる。木内監督にとって、ラッキーボーイは生まれるものではない。つくるものなのだ。

甲子園ってのは、誰が見てもストライクって球を投げちゃダメなの

甲子園は人を変える。

これが、木内監督が感じた甲子園の法則だ。

「甲子園っていうところは、もうみんな打ち気でくるんですよ、バッターが。気合が入りすぎる部分があんの。ですから、イチロー打法をやってほしいんスけど、松井打法になっちゃうんだよね。やっぱり、手柄をほしがる。甲子園に来て軽打をするってのはえらい大変なことなの」

大観衆に見守られてプレーする晴れの舞台。テンションが上がり、自然と「一発打ってやろう」という気持ちになる。大振りになりやすいのだ。

「ですから、当たっと飛ぶんですよ。『普通、あんなに飛ばさない』っていう選手でもね。その代わり、芯を食う確率が非常に悪いと。だから、とんでもない高いバウンドのゴロが出ちゃったり、内野フライばかりってことがありうるんです」

甲子園に来て8番や9番の下位を打つ選手が「高校生活初ホームランです」と味方も

驚く当たりを打つことがあるが、理由はそういうことなのだ。

この傾向を知っていれば、投手は利用することができる。

「とにかく『打ちたい、打ちたい』っていうのが何の大会よりも強いですね。これが結構邪魔すんの。やっぱり、子供たちは気負ってますよ。気負ってんのはあがりの一種だって言うんですけど、そう思ってないんだよ、子供はね。だから、誰が見てもストライクって球を投げちゃダメなの。半分がストライクで半分がボール（の判定）っていう〝そのへん〟に放っときゃ打つんですよ。打ってくんの。〝そのへん〟でいいから、ベース板の上、ベルト付近に通すなというのが甲子園のコツかなと」

とかくマスコミは球速をクローズアップしがちだが、木内監督に言わせればそれは勝てる投手の条件ではない。甲子園で勝てるのは、〝そのへん〟にしっかりと投げ込めるコントロールのいい投手なのだ。

その証拠に木内監督が率いた常総学院でプロに進んだ投手は87年夏の甲子園準優勝投手の島田直也だけ。98年夏ベスト8の山田隆夫、01年春優勝の村上尚史、03年夏優勝の左腕・磯部洋輝はいずれも打たせて取るタイプの投手だった。唯一、あてはまらないとすれば、力投型だった93年夏ベスト4の左腕・倉則彦ぐらい。その倉を含めても、１４０キロを超えるストレートを武器にした投手はひとりもいない。

「１４０キロのピッチャーがいたって１３０キロを打ちあぐむんだから。それが野球のおもしろいところ」

むしろ、重視したのは木内監督が〝横っちょ〟と呼ぶサイドスローの投手だった。ほぼ毎年、ベンチに横手投げを用意。94年春準優勝の清本隆治、03年夏優勝の飯島秀明に加え01年春の優勝に貢献した平沢雅之も〝横っちょ〟だった。

「甲子園では選手が気負って力と力の勝負をしたがんだよね。だから、きちんとした打ち方をしないと打てないかわすピッチャーは嫌なんだよ」

彼らが勝てたのは、木内監督の言うコツを理解し、打者の打ち気を巧みに利用する投球ができていたからだ。

「つまらんピッチャー、ウチのピッチャーのようなピッチャーが生きちゃうっていうのは、そこに原因があんじゃないかというふうに思うんですけどね」

投手は球速よりも制球力。木内監督の言葉と常総歴代のエースたちが、その正しさを証明している。

2点差のままだったら、負けてたんじゃねぇの

木内監督の話には、点差のことがよく出てくる。

もっとも多いのが、2点差と3点差の違いだ。84年夏の甲子園初戦・箕島戦がまさにそうだった。6回まで0対2とリードされていた取手二は、7回裏に1点を追加されて3点差となった直後に2本の三塁打を含む3安打と犠牲フライなどで5得点。逆転勝ちを収めた。

「3点差になると、『もう負けた』って大人はあきらめんの。ところが、高校野球は子供の野球だかんね。逆に3点目を取られて焦りが取れちゃったのよ。開き直りができて、ボールを見るだけの余裕ができた。単打を集めて1点でも取ればいいやみたいな、楽な気分になったんだね。2点差だと、ワンチャンスで追いつけるから『点取りたい、点取りたい』って焦っちゃうの。ランナー出ると、すぐホームラン狙ったりしてね。打ちたくてムズムズしてっから、気持ちがはやってボールを振っちゃってた。もし2点差のままだったら、おそらく負けてたんじゃねぇの」

03年夏の甲子園決勝・東北戦ではその逆。4対2と2点リードして迎えた9回表。無死三塁のチャンスで投手の飯島にスクイズのサインを出すも失敗。三塁走者も刺されて併殺となり最悪のかたちになったが、木内監督はプラスにとらえていた。

「5点目は入らない方がいいと思ってたの。3点差になって、相手が開き直ってきたりしたら嫌だなと。だから、スクイズが失敗して、2点リードのままでよかったっていう思いもあったんだよね」

ランナーがいないときは、3点の差が相手の開き直りや思い切りを生む。一方で、ランナーがたまったときは、3点差が力みを生む。これが木内監督の考え方だ。03年夏の甲子園2回戦・智弁和歌山戦では3点リードの9回表に1死満塁で4番の本田将章というピンチを迎えた。本田は三塁打を含む2安打と当たっていたが、9回の打席はボール球を振って三振。次の打者もファーストフライで終わった。

「ひょっとしたらひょっとするよという場面になった。一番いいバッターにまわってきた。これがワンバウンド振ったってのはなぜかっていいますと、1、2点ならワンヒットでいいわけですよ。ところが、3点なもんですから、一人で還そうという意識でもって振っちゃったんだね」

長打のある打者であるがゆえに、つなぎの気持ちよりも、長打での走者一掃に意識がいってしまった。木内監督は打者心理をそう読む。たった1点の違いではあるが、そこに大きな壁があるのだ。

4点差については、84年夏の甲子園決勝・PL学園戦の話がある。4対4で迎えた延長10回表、5番・中島の3ランで7対4とリードしたあとのことだ。スタンドのファンはこの3点で決まりと見ていたが、木内監督はそうではなかった。選手たちに「まだ勝ってねぇぞ。もう1点取れ」と言ったのだ。その言葉通り、6番の石田が二塁打。8

番・塙のレフト前ヒットをレフトがファンブルして石田が生還。4点差にした。

「相手はPL。2人ランナーが出たら一発で同点でしょう。だから、あの4点目を取ったことが勝った要因。今の子供らは、3点は追っかけてこれても、4点はあきらめちゃうんだ」

4点あれば、満塁本塁打が出ても同点。日本一の戦力を誇るPL学園でも、残り1イニングで反撃ムードをつくるのは難しかった。

だが、あれからかなりの時間が経ち、高校野球は変わっている。4点差でも安全圏ではなくなったのだ。勇退後に復帰して2度目の甲子園だった09年夏の1回戦・九州国際大付戦で木内監督はこんなことを言っている。

「4点っていうのは、チャンスが2回くれれば、ヒットが2本出れば取れる。5点っていうのは2回じゃ取れない。3回チャンスをものにしなきゃ5点になんねぇの」

この試合は3回表まで4点リードしながらひっくり返され、4対8で敗れた。木内監督が悔やんだのは2回表の攻撃。3点目を奪ってなおも1死三塁のチャンスで3番の羽鳥尊がセンターフライ。三塁走者の国井伸二朗がタッチアップで本塁を狙ったものの、相手の見事な中継プレーでタッチアウトになった。3回表に1点を追加しただけに、この点が入っていれば5点差にできていた。

「5点と4点というのは非常に大きな差で『5点ほしかったなぁ』と部長と嘆いたんで

す。5点目っていうのは非常に作戦が困るんスよ。バントはやれない。エンドランでボールが来たら困る。打たせるとゲッツー。悪いようにいくケースは私は5点だと思います。4点ってのはワンチャンスで2点取れば、またワンチャンスで同点ですから、追いついたなって意識ができるんですよ。4点差で2点取ればね。5点差で2点取っても『まだ3点ある』ですから」

4点差とはいえ、試合はまだ中盤。しかも強打の九州国際大付打線。一打2点のチャンスを2回つくればいいと思うのと、3回つくらなければいけないと思うのとは違う。2点ではなく、一気にビッグイニングをつくろうと考えれば、相手の打撃も変わってくる。そこを指摘しているのだ。

木内監督がそう言ってから、さらに月日は経った。高校野球の打力アップは止まらない。何点差あっても、セーフティーリードがないような状況になっている。だが、プレーしているのは同じ高校生。心理面はそう変わらない。2点差と3点差、3点差と4点差、4点差と5点差。この1点差の違いを知り、考えるだけでプレーする気持ちも変わる。木内監督がこだわった1点の違い。心理面の差に子供の野球らしさが表れている。

人を励ませば自分も励まされんだよね

不振の選手をどうすればいいのか。

トーナメントの短期決戦で行われる高校野球では大きな問題だ。プロ野球と違い、レギュラーと同等の実力を持つ控え選手がいるチームはほとんどない。基本的にはレギュラーに頑張ってもらうしかない。

03年夏の甲子園。常総学院にも不振の選手がいた。セカンドの井上とサードの宮田だ。井上は1回戦の柳ヶ浦戦の第2打席でタイムリーヒットを放ったものの、それ以後は内容の悪い打席が続き、2回戦は途中交代。宮田は初戦から2試合ヒットがなく7打数0安打。送りバントをひとつ決めただけだった。

3回戦の静岡戦に臨むにあたり、木内監督はこの2人にこんな声をかけた。

「チームリーダーになれ。セカンド、サードが一番声を出せ。今日は仁平が投げんだから、お前らが声かけて励ましてやれ」

この日の先発は甲子園初登板となる2年生の仁平。初めての甲子園のマウンドで緊張することが予想できただけに、3年生で内野手の2人に声をかけるように指示したのだ。

「プロでも当たるときと当たんないときがあるんだから。それによって守備が下手んなったり、バントが下手んなったり、けん制球でアウトになったり、わりにその子らがどんどん深みにハマってく傾向があるチームなんですよ。ですから、それを戒めて『チームリーダーになれ』と若いピッチャーの励まし係に2人を任命しました」

打席で当たりがないと元気がなくなる。元気がなくなると打撃以外のプレーに影響する。それを木内監督は恐れたのだ。人間、元気に声を出せば前向きになる。落ち込みづらくなる。そしてもうひとつ、声を出すことにはこんな効果もある。

「人を励ませば自分も励まされんだよね。これが黙っちゃうから、（打球が野手の間に飛んで）『さぁ、どっちが捕る』ってときに『お前、捕れ』ってこうなっちゃうんです。（打席は）4回しかまわってこないんだからね。必ずしも全部打てるわけじゃないんだから、そういうのは気にするなと。その人はその人なりにオレの方で使うからというように言ったんです」

当たっていない人のところにチャンスが来る。それが、野球というもの。ここで点を取れるか取れないかが勝敗に大きくかかわる。案の定、2回裏の井上の打席で1死三塁になった。カウントは2—2と追い込まれていたが、「その人なりに使う」と言っていた木内監督のサインはスクイズ。低めのワンバウンドしそうなボール球だったが、井上はひざをついてバットに当ててフェアゾーンに転がし、三塁走者を迎え入れた。

そのあとも井上は2つの四球を選んでチャンスメーク。宮田も送りバントとヒットでつなぎ役を果たした。不振だった2人が、木内監督の言葉が効いたとしか思えない活躍。木内監督はこう言っていた。

「やっぱりねぇ、甲子園に来て当たってないってツラいのよ。ホントはね。ただ、それで落ち込んじゃったらダメだと。『オレらに任しとけよ』みたいな子供たちもいないでしょ。だから、どう達観させっか。今日は励まし係に引き入れて、それをやってくれれば大丈夫だと。それに任命されてんのにそれができないということは、自分に戻れない。自分の改革意識がないというふうに思いますね」

悩んでいる打撃ではなく、他のことに意識を向けさせる。元気に声を出すことで自分自身を鼓舞する。経験のある木内監督だからこその不振脱出法。見えない木内マジックだった。

今度はこういう戦法をとるぞって、あらかじめサインを言っとくんですよ。心がまえとしてね

ランナーが出そうになるか、すでにランナーがいる状況だと、ネクストバッターズサークルにいる選手は打席に入る前に木内監督のところへ行く。それが、取手二時代から木内野球の決まりだった。イニング、点差、走者が誰かなど諸条件を考えたうえで、これから迎える自分の打席でどんな作戦があるかを事前に頭に入れておくためだ。

「ウチの連中は前のバッターが（カウント）3—1ぐらいになっと、すっ飛んでくんの。『エンドランですか。送るんですか』って訊きに来んの」

当初は木内監督が呼んでいたが、そのうち選手の方から来るようになった。90年代の中ごろから甲子園では禁止されたが、それまでは甲子園でもこの光景が見られた。

「今度はこういう戦法をとるぞって、あらかじめサインを言っとくんですよ。心がまえとしてね。そうすっと、バッターボックスに入って『次、何やんでしょう』じゃなくて、『次、あれやんですよね』ってなる。子供たちは安心してバッターボックスに行けるんです」

もちろん、その一球がストライクかボールかによっても作戦が変わるため、「ストライクならバント」「ボールならエンドラン」と複数の可能性を伝えることもあるが、初めからわかっているため戸惑いはない。迷いもないから思い切ってできる。結果、成功しやすくなるというわけだ。

「ただ、『打たせるよ』って言ってても、そいつがもっとも好きな球を見送ったり、ファウルにしちゃうと急遽《きゆうきよ》スクイズに変わることもあんの。そうすっと、子供らは『監督はうそついた。言ったことと違う』って言うんだけど、そうじゃない。ヒットの可能性が低いから変わったんだ、これはね」

作戦が変わるのはこれ以外の場合もある。状況を見て、選手の判断で変わるのだ。例えば、相手が極端なバントシフトをかけてきたとき。打者は送りバントのサインが出ていても、自己判断でバスターに変更する。送りバントのサインは、バントをすることが目的ではなく、走者を進めることが目的だからだ。

87年夏の甲子園3回戦・尽誠《じんせい》学園（香川）戦。6回裏1死一塁で打席には1年生の仁志敏久。仁志は打席に入る前に「エンドランがあるから頭に入れとけ」と言われたが、相手エース・伊良部《いらぶ》秀輝《ひでき》（元阪神他）の140キロを超える速球を普通に打つのは難しいと判断。自ら木内監督に「バスターエンドランでもいいですか」と提案し、実際にカウント1―0から敢行した。打球はライト前ヒットとなり、常総は一、三塁とチャンスを拡大した。

木内監督は普段から選手に野球を覚えさせようと話をする。取手二時代の雨の日の座学はもちろん、練習試合でもベンチで常に喋っている。

「こいつは変化球を予測してストレートが来たから見送ったな」

「あいつはカーブにヤマ張ってっから見てろ。ほーら、裏かかれた」

「こいつは今調子悪りぃからエンドランなんだ」

「ここは確実に1点取んなきゃいけねぇからスクイズだ」

目の前のプレーを解説することで、野球脳を鍛えるのだ。ベンチには〝木内語録〟をメモする係がおり、試合後はそれをもとにミーティングをする。これをくり返すことで、選手たちの野球偏差値が高まっていく。そうやって勉強したことを自分がプレーするときに活かすのだ。

心の準備をさせて、作戦が決まる確率を高める。あえて作戦通りにやらず、成功しやすい策を選択させる。野球を覚えさせ、臨機応変な対応ができる選手に育てていく。この過程があるから、木内監督の作戦はハマるのだ。

監督が1点取ってやんですよ。1点余計に取る努力を監督がすんの

高校野球は子供の野球。木内監督が常々そう言っていたように、高校生は子供だ。ゆえに、メンタルの状態がプレーに如実に表れる。それがわかっているから、木内監督は常に選手たちの精神状態を考えて采配をしていた。

もっとも象徴的だったのが、スクイズの使い方だ。03年夏の甲子園3回戦・静岡戦の3回裏1死三塁でしかけたスクイズはまさに〝その〟スクイズだった。

この場面でスクイズのサインを送った理由は、打者が当たっていない井上だったということ以外に2つある。ひとつは、相手が公立校の静岡であること。常総学院には、私立の甲子園常連校のプライドがある。木内監督はこう言った。

「今日は絶対負けちゃいけない相手なんです、これはね。向こうも2つ勝ってるから強いのは強いんですよ。ただし、今日は負けちゃいけない相手だと（メディアの）みなさんが見るだろうと思いますし、私らもそういう意識になってました」

もうひとつは、先発が甲子園初登板の2年生・仁平だったこと。試合後、木内監督は

こう言っていた。

「2年のピッチャーが投げる、しかも初先発ということで大変あの、気は遣ったんです。だからピッチャーを援護する意味でランナーがサードに行ったらスクイズと生徒らに言ってありました」

学校関係者もメディアもファンも「勝つだろう」と思っている相手に接戦になると選手たちに「こんなはずじゃなかった」「ヤバい」という感情が芽生える。まして、投手は初登板の2年生。エースほどの信頼感はない。先に点を取られてしまうと、焦りが出る可能性がある。だから木内監督は、監督の責任の下、スクイズのサインを出したのだ。カウント2―2と追い込まれていたが、失敗しても「監督が悪い」と言えばいいだけ。点が取れなかった責任を選手に押しつけることだけはしないと決めていた。

このように監督のサインで取る点を木内監督は「監督が取ってやる点」と言っていた。

「『監督が勝たしてやれ』みたいな意識があるんだよ。監督が1点取ってやんですよ。自分で打つわけにも、バントするわけにもいかないんだよ。フォアボールならフォアボール、エラーならエラーで出たら、バントのふりして走らしちゃう。それから送る。そしたらセーフティースクイズやっても、スクイズやっても、これが監督の取った1点だ。ヒットで出た、バントで送った、ヒット打って還した。これは生徒が取った1点。監督はそれが理想なんだよ。だけど、それだけじゃなくて、1点余計に取る努力を監督がすんの。それがオレの本音なんだよ」

静岡戦の例なら、1点が1点以上の価値になる。先制することによって気持ちが楽になり、投手がのびのび投げられるし、野手もいつも通りのプレーができるからだ。この試合は序盤だったが、重苦しい試合になり、接戦の後半になればなるほど監督の取る1点は重要になる。平常心に戻し、いつも通りのプレーを取り戻させる効果があるからだ。

勝っている展開なら、どんな監督でもエンドランもスクイズも出せる。だが、均衡状態で失敗が命取りになる展開だと、監督は流れを変えるのが怖くてサインを出せない。選手が力を出せていないとき、失敗の責任が監督にふりかかるときこそ、監督の出番。「監督が取ってやる1点」がチームを変えるのだ。

個人差があんだから、ちゃんと責任を果たしてくれればそれでいいの

野球の練習といえば、全員でランニングをして、全員でキャッチボールをして……と全体でひとつのメニューを消化していくことが多い。ところが、木内監督はそうしない。取手二を率いて1984年夏の甲子園で優勝したあと、木内監督はこんなことを言って

いる。

「子供たちにはある程度自由にさせてきたつもりなの。外から見てる人の目には、『取手二高の練習はバラバラじゃないか』っていうように映ると思うんスよ。バッティングをやっている者もいれば、守備練習をしている者、ランニングをしている者もいるわけだからね」

例えば、どういうことなのか。取手二の三塁手だった小菅勲はこう言う。

「確かに練習での自由度は高かったですね。バッティングなら5本を何回と決まってますけど、調子がよければ守備について打球を追う。ただ、監督はアドバイスをします。『お前は守備が課題なんだから』とか。私（左打者）の場合なら、『お前は左ピッチャーなんか打たなくていいの。アンダースローの方を打ちなさい』と言われる。5本何回のうちのパーセンテージは、アンダースロー打ちが多いように持ってかれるんです。3年になると、自分が何をすればいいかわかっちゃうんですよ。佐々木（力、二塁手）が調子悪ければ、バッティング練習の最中はセカンドで守ってないとダメだよなと思うんです」

基準はあくまで試合で使える選手になれるかどうか。左打者なら左投手相手に起用されることは少ないため、より出番の多いアンダースロー対策に時間を割く。不振のレギュラーがいれば、その選手のポジションで出られるように準備しておく。93年の常総のチームで、代打の切り札だった島田孝は、練習から代打をイメージ。打撃練習でも打席に立つのは1回だけだった。選手は常に実戦を想定して、自らやるべきことを探していた。小菅は続ける。

「ホントの自主性はないんです。あたかも自主性を与えてもらってるような持っていき方をされる。『お前、先週1回もブルペン入んなかったよな』とか『オレはこないだの何球だけしか観てねーぞ』とか『エースなら責任持って投げろ』とかよく言ってましたね」

任せているようで、管理している。これが木内監督のうまさだ。ただ、そうやって個々がやるべきことをやった方が効率がいいのは間違いない。木内監督は言う。

「野球は自己管理でするもの。子供たちの力量が違うんだから、合理的な練習方法があってもいいと思うんスよね。調子のいい子はバッティング10本ですませてもいい。逆に調子の落ちてる子はたくさん打ち込めばいいんだから、一人で500本打ったって子もいたね。個人差があんだから、ちゃんと責任を果たしてくれればそれでいいの。ある程度の力を持った子がそろったときには、子供たちにそれぞれ責任を持たせた方がいい。心配するような手抜きはないスよ。自分が損するだけですから」

みんなが同じことをするのが練習ではない。勝つためにやるのが練習。だから、無駄なことは極力省く。全員が同じ練習をする必要はない。あくまでも、勝ちにつながることに時間を割くのだ。

一方は怒られて、一方は怒られない。だけど、これは素材が違うんだ

ヤクルトを3度日本一に導いた野村克也《かつや》監督は選手の段階別に「無視・称賛・非難」と分けていた。実力不足の選手は無視。もう少しでレギュラー入りという選手は称賛し、一流と認めた選手は非難してさらなるレベルアップを求める。この考え方は、木内監督も同じ。「素材のあるヤツとないヤツとでは、こっちの教え方も違ってくんの」と言って取手二時代からあからさまな差をつけていた。

「素質のねえヤツがトコトコ突っ込んできてトンネルしたら怒鳴りつけます。でもね、素質のあるヤツがそれをやっても、今にうまくなるからかまわねぇの。だから、一方は怒られて、一方は怒られない。そうすっと子供らは不公平だって感覚を持つのよ。だけど、これは素材が違うんだ」

日本一になった84年の取手二には塙博貴という選手がいた。気が強く、「名選手になる性格をしてる」（木内監督）。だが、171センチ65キロと小柄で、プロ入りする吉田

剛、石田文樹らと比べると素材的には劣った。

「だから、毎日毎日塙ばっかり注目して、一挙手一投足を怒ったの。Bクラスなんだから、Aクラスの中に混じってAクラスの野球を覚えたんじゃダメなんだと。バッティングにしても流して打つことに徹しろと口を酸っぱくして言った。引っ張る素材じゃねぇんだから。それができんのはAクラスの選手なのよ。非力なんだ、塙は。そのうち塙は流し打ちに徹せられるようになった。だから選手になれたの」

このやり方は、常総学院に移り、時代が平成になっても変わらなかった。まったく同じ打球を打っても、選手の素材や期待度によってかける言葉が違っていた。

「もっといい選手にしたいヤツには、もっと厳しいんだよ。『その程度じゃ満足いかないよ』とかね。フォーム崩して打ったときには、『ダメダメ。そんなのまぐれ』っていうようなね」

ただし、これぐらいの言葉ですむのは甲子園に行ってからのこと。茨城県大会を突破するまでとなると、さらに厳しい。

「甲子園に来る前は『お前は使わねぇぞ』って話ですから。『そんな打ち方じゃ使わないよ』と。結果的には、『もう少し打ち方を充実させなさい。当たればいいじゃないよ』という意味ね。だから、季節によってすこーし声のかけ方は違うんだよ。ですから、（大会前で）もっともっといい選手にして本会場に送り込みたいっていうときには、ヒット打ってんのにけなされてっからね。『今のがなんでホームランになんない。下手くそ』とかね。二塁打打ってんのに、『根性ねぇ。飛ばねぇ』とか言われて。そういうのは、その子に対して理想が高いってことなの」

一方、そこまで期待していない選手にはやさしい。自信を持たせるような言葉になる。

「打てねぇヤツが打ったら、『おぉ、最近飛ぶようになったなぁ』って。片っぽはけなされて、片っぽはほめられてんだ。おんなじ打球が飛んで。それは、その人の能力に応じた声のかけ方なんだ。能力と季節。今は意地を出させたいところ、今は安心感を与える時期というようなので声のかけ方を変える。これは長年の積み重ねで、誰でもできることなんですよ」

ただ、こうして説明されればもっともなことだとわかるが、言われる選手の中には「ジイサン、うるせー」と受け入れられない者もいた。

「わかってくれるヤツは3分の1。3分の2はわかってくんねぇの。ただ、そういうヤツらも大人になったらわかるはず。憎まれて怒られたんじゃねぇってことがね」

理解されなくても、嫌われても構わない。あえて差をつける。それが、木内流なのだ。

球は心で投げるもんだ。「あそこへ行ってくれ」っていうフォローが大事なの

11対1。試合に大勝したというのに、木内監督は怒っていた。93年の夏の甲子園初戦・鳥栖商戦のことだ。

「ピッチャーがボロでして。ベンチでは怒りっぱなしでした。県大会中に投球フォームの連続写真を見て、『腕の振りの悪いところがわかった』つってんですが、それを忘れて力んでると」

監督の怒りを買ったのはエースの倉則彦。4回までに大量9点の援護をもらいながらピリッとせず、制球がバラバラ。6回、無死からの四球をきっかけに1点を失うと、降板を命ぜられた。

その翌日、木内監督は倉に大会中には異例ともいえる140球の投げ込みを指示した。

「ハートを責めたんです。腕を責めたんじゃなくてね。（初戦で）137キロが出たんだからハートだよと。心で『そこへ行ってくれ』という意識が足りないというふうに怒りました」

投手は技術よりも気持ち。気持ちで投げろというのだ。

「球は心で投げるもんだと。精神主義はあれだっていうんですけど、そうじゃなくて、『あそこへ行ってくれ』っていうフォローが大事なの。そうすっときわどいとこに行くんですが、エイッとほん投げっと、あっち行ったり、こっち行ったりするもんなんですよ。と思ってます、私は」

気持ちとはいっても、何も精神主義から言っているのではない。外角低めへ「あそこへ行ってくれ」と意識することが大事だと言っているのだ。指先のわずかなずれが制球ミスにつながる投手にとって、ボールを放す最後の最後まで意識をするのとしないのとでは、制球力に雲泥の差が出る。倉の投球からはそれが感じられなかった。

さらに、このアドバイスにはもうひとつ狙いがある。1回戦のあと、腕の振りについて言及しておきながら、ひとこともそれにふれていないのだ。

投球内容がよくないからこそ、逆に「腕はいいんだから」と自信を持たせている。腕の振りを気にしてフォームを崩してしまっては元も子もない。それよりも、「ハートだよ」と言うことで、気持ちさえしっかりしていれば大丈夫だと安心感を与えた。

これで力みが抜けた倉は、2回戦で本来の腕の振りを取り戻した。東西の横綱の激突、優勝候補同士の対決といわれた近大付との試合で7安打1失点完投。初戦では6回で3つ与えた四球はわずか1個だった。

「9回1点でもってくれるとは思いませんでした。倉に謝らなくちゃいかんです」

細かい制球力よりも力で抑えるタイプの倉。コントロールがアバウトなのは百も承知だ。金城龍彦ら好打者がそろう近大付相手に初戦の投球では通用しない。甘く入れば長打もある。「もっとコーナーを突く丁寧な投球をしなさい」。そういう思いがあっての、ハート指導だった。

デッドボールっていうのは、当たるもんじゃなくて、よけてかすめるようにするもんだ。当たるのは鈍いからなの

1997年、高校野球でも投手の投げ手に限り、打撃用手袋の使用が認められた。さらに翌98年、全選手に使用が解禁された。土浦一で指導者を始めて以来、40年以上も素手でバットを握るのが当たり前だったが、木内監督はすぐさま打撃用手袋の使用を許可した。というよりも、「どんどん使え」と奨励した。「素手で握らなければ感覚がわからない」などという古い考えの指導者とは大違いだった。

では、なぜ、勧めたのか？　それは、自ら効果を実感していたからだ。といっても、木内監督の時代は当然、素手でバットを握っている。野球では手袋を使った経験はない。

何で使っていたかといったら、ゴルフだった。ゴルフ好きの木内監督。ゴルフでは、右打ちなら左手に革手袋を使用するのが常識だ。手袋一枚あるだけで、滑らず、グリップが安定する。振りやすいのはもちろん、飛距離がアップする。この体験をしたのが奨励策につながった。

その一方で、効果を実感していないものについては疑問の目を向けた。例えば、現在は当たり前のように使われるようになったエルボーガード。

「オレは野球やってて、こんなとこ（右打者なら左ひじ）にデッドボール食らったことねぇよ。デッドボールっていうのは、当たるもんじゃなくて、よけてかすめるようにするもんだ。当たるのは鈍いからなの」というのが口ぐせ。

死球が多い選手はいつも「おめぇは鈍いな」と言われていた。エルボーガードがあるせいで、近年の選手はよけるのが下手になっている。それどころか、当たりに来る選手もいる。それによってケガをする選手もいる。木内監督の中で、そんなことはありえない。死球は当たるのではなく、かすめるもの。よける練習もするのが野球選手の務めという考えだった。

鈍い選手は嫌い。本当に必要でない道具は、野球選手としての技術を退化させる。それを木内監督は憂いていたのだ。

おめぇはどんなピッチャーを打ちてぇんだ？

ある練習試合でのこと。小柄な選手が二塁打を放った。その選手にしては会心の当たりだ。塁上では笑みがこぼれる。だが、バックネット裏の本部席から観ていた木内監督からは真逆の声が飛んできた。

「おめぇはどんなピッチャーを打ちてぇんだ？　誰を打ちたいのって言ってるの！」

試合相手は格下。投手のスピードは１２０キロ台だ。しかも、打ったのは内角のストレート。それが木内監督には納得がいかなかった。

「おめぇみたいなちっちゃいヤツには、インコースなんて来ないの。外の攻めでしか来ねぇんだから、そんな球打ったってしゃあねぇんだよ」

強豪私学の力のある投手は、小柄で非力な打者に対して内角を投げてくることはない。なぜなら、投げる必要がないからだ。外角のストレートでカウントを稼ぎ、外角の変化球で〝一丁上がり〟。格上の投手にとって、死球のリスクがあり、投げ損なって甘いコースに入る恐れのある内角に投げるメリットはないのだ。

「おめぇみたいなヤツは、外の球を打つ練習をすんの。外を打てるようになって初めて内にも投げてくんだから。やるべきことがわかってねぇの」

外角にしか投げてこないのがわかっている以上、常にそれを意識して練習に取り組まなければいけない。それは、練習試合でも同様だ。内角の球に手を出している時点で、やるべきことがわかっていないということになる。

ちなみに、冒頭の言葉には、こんなコメントまでつけ加えられる。

「このピッチャーは甲子園レベルじゃねぇんだから！」

本部席からマイクを通して喋るので、相手にも聞こえているがお構いなし。観客からも笑いが起きる。もちろんこれは、木内監督だから許されることだが……。要は、どんな相手であろうと、常に甲子園で通用する練習をやれということを言いたいのだ。結果ではない。あくまでも実戦で使えるかどうかを見るのが木内流。監督が求めることを理解し、それに取り組んでいるか。評価するのはその一点なのだ。

おめぇ、そんな態度すんなら自分でキャッチャーやってみろ

03年夏に優勝したときの左腕エース・磯部洋輝は、追い込んでからのスライダーを決め球にしていた。空振りを奪うには、当然、ストライクからボールになる球、それもワンバウンドの球が有効になる。投手からすれば、空振りを奪えば「いい球」。ところが、木内監督はそうは考えない。同じワンバウンドでも2種類あるからだ。

ショートバウンドとハーフバウンド。

捕手からすれば、ショートバウンドは捕りやすく、ハーフバウンドは難しい。だが、投手は自分のことしか考えていないため、ハーフバウンドの球を捕手が逸《そ》らすと「ちゃんと止めろよ」と思いがちだ。「オレはちゃんと投げたんだから、しっかり止めろよ！」。あからさまに態度に出す投手もいる。

そんなしぐさを見逃さないのが木内監督だ。

「おめぇ、そんな態度すんなら自分でキャッチャーやってみろ」

左利きの磯部にプロテクター、レガースをつけさせ、ブルペンでワンバウンド捕球をやらせた。実際に体験すれば、どんなワンバウンドが捕りやすいのかがわかる。ただ空振りさせればいいわけではない。振り逃げにならないよう、捕手が止めやすいワンバウンドを投げることが必要。それを身をもってわからせたのだ。

この例に限らず、木内監督はノック中、内野手を外野手に、外野手を内野手にやらせることがあった。守備位置を頻繁に代えるのも、いろいろなポジションを経験させることによって、それぞれの大変さを理解させる意味合いもある。自分勝手なプレーを嫌い、チームプレーを求める木内監督。チームプレーは相手の気持ちがわかるからこそできる。そのためには体験させるのが一番。言ってわからなければ、やらせてわからせる。これが木内流なのだ。

子供の中に言い訳ができてんのよ、

木内監督は夏の大会を目標に置いてチームをつくる。だから、春夏連続で甲子園に出場した場合は当然、夏の大会の方が成績がよくなる。84年の取手二は春ベスト8、夏優勝。87年の常総学院は春初戦敗退、夏準優勝。93年は春ベスト16、夏ベスト4。98年は春ベスト16、夏ベスト8というように。5度の春夏連続出場で唯一成績を落としたのが、春に優勝した01年。夏は2回戦敗退だった。

その01年のこと。2回戦の試合前、木内監督は選手たちにこう聞いた。

「お前ら、今日帰りたいか？」

あえて刺激を与える監督の言葉に、誰も「帰りたくない」とは言わなかった。その時点で木内監督は「負ける予感がした」という。結果は0対3。春夏通じて初出場の秀《しゅう》岳館《がくかん》（熊本）に、そのチームとしては初めてとなる完封負けで春夏連覇の夢を断たれた。

　そしてもうひとつ、01年のとき以上に木内監督が悔しがっているチームがある。それは94年、春のセンバツで準優勝しながら、夏は茨城県大会の準決勝で敗れたチームだ。秋の関東大会はベスト8。関東の5校目としてすべり込みで甲子園の切符をつかんだ。木内監督自ら「わき役のチーム。（元日本ハムの金子誠らを擁し、優勝候補といわれた）去年のチームのおまけ」と言うほど力はなかった。

　そんなチームが、初戦で完封勝ちを収めると、とんとん拍子に勝ち進んで準優勝。

「2回戦まで勝てればいいと思ってたチームが、ここまで来るとは思いませんでした」

と木内監督も驚く快進撃だった。

　ところが、甲子園から帰った選手たちは別人のようになっていた。春の茨城県大会は準優勝、関東大会は優勝と結果は出ていたが、木内監督の目はごまかせない。甲子園で準優勝した満足感からハングリー精神が消えていた。

　センバツでレギュラーとして働いたショートの田中亮、レフトの金田裕介はともに学生コーチからの復帰組。「お前はあがれ」と一度は木内監督から選手失格を言い渡されている。そのショックを乗り越え、監督を見返そうと努力した結果がレギュラーにつながった。

だが、いくら厳しい言葉をかけても、以前にはあった監督に対する「このジジイ」という気持ちが出てこない。他の選手も同じだった。好成績に酔っている選手たちを見て、木内監督は何度もこう話した。

「お前ら、夏はないぞ。夏負けて『悔いはありません、春甲子園で十分にやりましたから』って言うぞ」

結局、効き目はなかった。木内監督の言葉通り、甲子園にすら届かなかった。

「言い訳ができてんのよ、子供の中に。それがダメなんだね」

当時の流行《はや》りの言葉でいえば、燃え尽き症候群。一度ピークになってしまったチームの酔いを覚まし、立て直すことはできなかった。

その反省を活かし、01年は優勝に関する行事を意図的にすべて自粛。ごほうびもなしで、すぐに練習を始めた。もう一度徹底的に練習してどん底の状態に落とし、そこから浮上することを狙ったが、功を奏すことはなかった。

「だから、春夏連続優勝する人はえらいと思う。すごいと思う。その精神が持続できるってことはね」

春に好成績を収めたチームの夏。木内監督がやり残したことがあるとすれば、このことだけかもしれない。

ホームランを打ったら、ひとつの喜びをみんなの喜びにして点にしていくんです

「高校野球は子供の野球」

これが、木内監督の持論だ。世間が大人の態度を求めても、「しょせん、子供がやってんだから」と取り合わない。甲子園で派手なガッツポーズをすると、高野連から注意を受けることがあるが、それも「高校生が無表情っつうか、ポーカーフェイスで野球すんのはおかしいでしょ。はしゃごうがなにしようが、子供のやることなんだから」と気にしない。

この考え方は、監督を退いたあとも変わらなかった。12年秋の関東大会でのこと。佐野日大との試合で常総学院の3番・高島翔太が2打席連続本塁打を放った。1本目は初回に先制3ラン、2本目は3回のソロ。このあとは4打席凡退したが、チームの6点中4点を叩き出す活躍だった。

ところが、その試合をスタンドで見守っていた木内監督は、高島にこう言った。

「お前はホームランを打って喜ばないから、そのあと打てなかったんだ」

確かに、高島は本塁打を打ってもガッツポーズをせず、淡々とベースを1周していた。だが、派手に喜ばず、一喜一憂しない振る舞いは高校生としてむしろほめられるはず。なぜ、木内監督はそう言ったのか。それは、取手二時代の経験があるからだ。84年夏にPL学園を破って全国優勝を果たした取手二は、キャプテンの吉田剛を中心にやんちゃぞろい。ホームランを打てば飛び上がり、タイムリーを打てば派手なガッツポーズをくり返していた。あまりにいきすぎて高野連から何度も注意を受けたほどだ。

「子供っていうのは、1人の子が非常にうれしがると、みんなそれにつられてうれしがんのよ。例えば、ソロホームランを打ったって1点しか入んない。これは打ったヤツだけ喜べばいいんです。それがチーム全体がわき上がっちゃって、そのホームランの1点から2点、3点につないでいっちゃう。これが大人の世界だと『あの野郎、ホームランなんか打ちやがって』ってひがみが先に出ちゃうんスけど、子供らはそうじゃない」

1人の喜びが、周りに派生していく。

「他人が打ったホームランを自分が打ったことのように喜ぶんだね。こういう純真さは持ってんだ。そうすっと、ソレソレってことで、ピッチャー攻略にかかってくる。高校野球の子供の野球たるゆえんだね。そういうものが存在する以上、これを利用しない手はない。だからホームランを打ったら打ったで、『ナイスバッティング』ってやればいいの。『みんなつられて大振りすんじゃねぇぞ』なんてアドバイスしながら、ひとつの喜びをみんなの喜びにしながら点にしていこうってことなんです」

田舎の公立校である取手二が、野球エリートの集まるPL学園に勝つには、普通にやっても難しい。普段以上の力を出させるためにも、木内監督は喜ぶ力をパワーに変えることを選んだのだ。

「無感動な子より、勝ってうれし泣きしたり、負けて悔し泣きする子の方が野球はうまくなんの。だいたい、喜怒哀楽っつうのは、若さの特権なんだから。あまりにも悟りきった顔をしてるヤツには、『おめぇ、それでも血が流れてんのか』なんて怒り方しますよ」

取手二はのびのび野球といわれたが、木内監督に言わせれば「管理野球より、のびのびやらせた方が力出すからそうしたの」。送りバントや進塁打などフォア・ザ・チームを求めるのが木内野球。それをやらせたうえで、任せるところは任せる。自由にのびのびやらせているようで、選手たちは木内監督の手のひらのうえで踊っていた。

わからないところで巧みに操縦する。だからこそ、木内マジックといわれるのだ。

下手なヤツが下手じゃないと思い込んでるのは悲劇なの

「おめぇは素質がない」

普通の監督なら言いにくいような厳しい言葉を簡単に言ってしまうのが木内監督だ。ベンチに入る見込みのない選手には、はっきりそう言う。

「最初から言っちゃうんスよ。素質のないヤツにいくら努力しろっつったってダメ。努力三分、親の血七分。結局、血筋と思ってんのよ」

毎年3月25日の新入生練習参加許可日になると、打撃練習をさせる。それを見て、実力順に分けるのが木内監督のやり方だった。取手二時代はＡＢＣの3ランク。部員数の多い常総学院に移ってからは、ＡＢＣＤＥの5ランクに分けることもあった。Ｅランクになると、「選手になるのは無理だけど、入りたければどうぞ」という扱いだ。

希望に燃えて野球部に入ってきた子に対して血も涙もないと思うかもしれない。そんなとき、木内監督はいつもこんなことを言っていた。

「『3時間しか寝ないで勉強すれば、東大に入れますよ』ってうそを言って受験させて落っこちたら、誰が責任取んだ？　東大に入るヤツは東大に入れる才能を持ってんだよ。できるヤツは最初っからできんの。できねぇヤツはいくらやったってダメなの」

学校の先生はそうは言わない。なんとかして努力させる方向に持っていく。だが、木内監督は先生ではない。甘い考えにつながるうそは言わない。一見、冷酷に映るが、そこには、3年間メンバー外ではかわいそうだという気持ちがある。

「野球以外の自分の生き方を探しなさいと言ってやるのが、本当の親切だと思ってんだよ」

ただ、木内監督は「やめろ」とは言わない。その代わり、取手二時代から選手を手伝いにまわす〝学生コーチ制度〟をつくっていた。取手二時代は途中まで一人で指導していたため、ベンチに入れない選手をノッカーにしたのだ。

「うたい文句が『甲子園でノックさせるよー』。そう言いながら、『お前、ノッカーになってくれ』って頼むわけです。選手としちゃほしくないんだよ。ノッカーとしてほしいというのがあんですが、そう言っちゃ身もふたもないんでね。補欠の中で、こいつは少しリストがいいからいいノック打つだろうとか、肩が弱い、足が遅いから選手は無理だっていう中から見つけだすんスよ」

常総学院ではコーチらスタッフもそろっているため、学生コーチになることはイコールただ単に手伝いにまわるだけになる。そのため、練習に来なくなるような部員もいたが、〝戦力外通告〟するのは変わらなかった。

「下手なヤツが下手じゃないと思い込んでるのは悲劇なの。学校ってところは、ダメな者をダメだと言いづらい。先生はオブラートに包んで話さないといけない。でもオレは言う。それは、ダメだからダメな生き方を考えろってこと。自分は優秀だと思ってるヤツは、結果がともなわないと現実とのギャップでおかしくなる。本人のためにもできもしねぇことをやるより、やれることを努力してやらせんのが教育者と思うんだよ」

子供たちが悲劇に遭わないように現実を教える。教員ではないからできたともいえる、木内流の教育だった。

顔も見たくねぇって話ですから、最初外すときは

「厳しい」

選手たちに木内監督の印象を聞くと、必ず返ってくるのがこの言葉だ。

84年夏の甲子園で優勝した取手二のエース・石田文樹は不調が続いた夏の茨城県大会前に何度も「お前はエースじゃない。ピッチャーやめろ」、01年センバツで優勝したと

きのエース・村上尚史も故障で投球ができないとき、「将来のこと考えて無理しねぇんだろ。信頼できるエースじゃねぇな」、03年夏の優勝投手・飯島秀明はひじを痛めて投げられず、「やる気はねぇのか。引退したのか」と言われている。だが、彼らはまだいいほうだ。ちゃんと背番号をもらい、ベンチに入れてもらっているのだから。

木内監督が率いた常総学院では毎年のように〝悲劇〟が起こる。甲子園では県大会の20人から18人（93年までは15人、02年までは16人）へとベンチ入りの人数が減るが、その際に県大会では戦力として試合に使われていた選手が外されてしまうのだ。ときにはレギュラーでさえも〝悲劇〟の主人公になる。

02年の捕手・島津寿人がそうだった。キャプテンの持田貴弘が背番号2をつけていたため、背番号こそ「13」だったが、れっきとしたレギュラー。茨城県大会では7試合すべてに出場し、5打点を記録する勝負強さを見せていた。ところが、甲子園のメンバー発表で島津の名前は呼ばれなかった。

「お前は自信なさそうにプレーしてっから。お前みたいなのがいるとベンチが暗くなっからいらねぇよ」

木内監督はおとなしくて、存在感のない選手を嫌う。そういう選手のことを「闇夜のカラス」と表現していたぐらいだ。ちなみに、敗戦に直結する大ボーンヘッドをやらかした選手のことは「貧乏神」と言っていっさい使わなかった。

実力はあるのに雰囲気が暗い。木内監督は島津のそういう面を嫌ったのだ。結果を出したのに外された島津にとっては、まさに〝悲劇〟。「今までやってきたことが全部無駄になった」と涙を流した。

自分はベンチを外れても、チームの夏は続く。くさらず、自分にできることをやろうと練習に参加した。それまで以上に声を出して、なんとか監督にアピールしようとした。そして迎えた甲子園の開会式。島津の背中には再び背番号「13」があった。甲子園では大会直前にメンバー変更が認められている。その最後の入れ替えで、島津は復活したのだ。

一度死んだ者は強い。1回戦の宇部商戦。7番・捕手で先発出場した島津は6回に相手のエラーを呼び、先制点を生むファーストゴロ。8回には貴重な追加点をもたらすタイムリーヒットをセンター前に放った。チームの全得点(3対2で勝利)を叩き出したうえに、2年生の飯島秀明を好リードしたことも評価されて試合後はお立ち台へ。悲劇のヒーローが、本物のヒーローになった。

01年もセンバツ優勝に貢献したサイドハンドの平沢雅之が、島津同様、夏の県大会後に、03年も2年時に甲子園で活躍した平野直樹が春の大会で〝悲劇〟を経験している。

これ以外にも練習試合でバント失敗やボーンヘッドをすると一軍から三軍に落とされるのは日常茶飯事。二軍はサブグラウンドで練習できるが、三軍になると帽子もユニフォームも変えられ、学生コーチ、ノッカーをやらされる。

「『顔も見たくねぇ』って話ですから、最初外すときは。それを真に受けて見えなくなっちゃうヤツいますから。それはそうやって終わっちゃうんスよ、ハイ。大変きついテストをやってます」

木内監督がそう言うように、実は三軍に落とされてからが勝負なのだ。どこにいても、木内監督はその選手に目を光らせている。その姿を観ていて、突然、チャンスを与えるのだ。練習試合で審判をしていた選手が代打に起用されることもある。そこでヒットを打てば、瞬く間にレギュラー復帰だ。

「ですから、常にフリーバッティングには目を光らしてます。選手生活を断念しちゃって視界に入らないところにばかりいる子はそういう子であるということを見ときます。黙々とやってるヤツは紅白戦や二軍戦に出してみたりしながら年中テストはやってます。そこからはい上がってきた子は何かをつかんでくれるんじゃないか、というように思うんですよ」

簡単にあきらめてしまうような選手はダメ。メソメソしていると本当に使われなくなってしまう。「いらない」と言われても、「なんでオレを使わねぇんだ」というぐらいの気持ちで、自分から監督の視界に入る。それぐらい気概のある選手でなければ大舞台では通用しない。だからこそ、木内監督は荒療治を施す。

「ふてくされたり、照れ隠しして、八つ当たりするような子は使わねぇから。三振しても、エラーしても、外されても、『今度は見てろ』っていう子を選手にしてくのよ」

荒療治は、試合中にも施される。レギュラーでも、主力選手でも関係ない。03年夏の智弁和歌山戦では、3番の坂克彦が標的になった。3回裏無死一塁でエンドランのサインが出たが空振り。一塁走者が二塁でアウトになった。4番の松林康徳がそのあとにライト線二塁打を放ったこともあり、木内監督はヒートアップした。

「坂のとこにチャンスが来たとき、打たして失敗したんですよ。そのあとに松林が一塁線を抜きましてね。うんと悪口言いました。『あぁ、お前に打たして失敗した』とか『あそこはバントだ』なーんて、わかるように悪口言ってました」

もちろん、こう言われるのは期待の表れなのだが、監督の言葉の裏を読めなければショックを受けるだけ。発奮材料にすることはできない。

「精神的に強くなんなきゃ甲子園では勝てねぇの。ですから、そんなことを言いながら、子供たちがだんだん大人になって、オレの毒舌に勝って、オレの悪い予想を裏切って、ひとつずつよくなっていくというふうに思いますけどね。甲子園というところは、『よくやった、よくやった』ってのは負けたときにしか言いませんから、監督は」

常総学院イコール木内監督のイメージがあるように、目立った選手は多くない。島田直也、仁志敏久、金子誠らプロで活躍した選手もいるが、甲子園常連校にしてはプロ入りした選手は少ない方だろう。超高校級のスーパースターはいないが、甲子園では上位に進出する。その理由は選手たちに「気」があるから。木内監督の〝口撃〟や荒療治に負けず、向かっていったからこそ得られる「気」が大舞台での強さにつながっている。

お父さんの関心の高い子の方が大成すんの

父親と母親の違い――。木内監督は「うんと先を見るか」「手元の少し先を見るか」の違いだと言う。

例えば、子供がミスをして試合に負けた場合。父親が「お前が悪い。勝負の世界、男の世界は厳しいんだ。もっと強くなれ」と言うのに対し、母親は「あんたは悪くない。お前のせいじゃないよ」と言う。父親に叱咤《しった》された子供は「同じ失敗はできない」と努力するが、母親に励まされた子供は「次頑張ればいいや」と思うだけでやり過ごしてしまう。この差が、子供の成長に大きな影響を及ぼすのだ。

木内監督の教え子で、プロに行くなど大成した選手は、やはり父親が熱心だった方が多いという。ランニングに連れまわした、投球練習をしている横で竹刀《しない》を持って立っていた……。

中でも木内監督の印象に残っているのが、取手二時代の教え子で西武で活躍した松沼《まつぬま》博久《ひろひさ》、雅之《まさゆき》兄弟の父親だという。兄・博久がいた縁で、父親が中学生の弟・雅之を連れてグラウンドへやってきた。「監督、こいつが使えるかどうか見てください」と。

しばらく練習に参加していた雅之だが、木内監督のところに来てこう言った。

「友達との約束がありますから、帰ってもよろしいでしょうか」

まだ練習中だったが、木内監督は「ウチの生徒じゃないから」ということで了承した。ところが、それを見ていた父親は、全員に見えるところで雅之をひっぱたいた。

「お前を見てくださいって、監督にお願いしてんのはこっちなんだ。それをてめぇの都合で帰るとは何事だ」

もうひとつある。兄弟がプロ入りする前、松沼家を新築したときのこと。招待された木内監督は、洋室に洋式のトイレを見て思わずこんなことを言ってしまった。

「日本人が外国人に勝てる最大の理由は腰の強さにあんだよ。腰から上は逆立ちしたって外国人にはかなわねぇの。で、その足腰の強さは生活様式からくんだよ。日本式便所で中腰になんのは腰のためにいいんだ、ホントは。布団を敷いたり、たたんだり、寝たり立ち上がったりする生活の方が、体のためになんだ」

それを聞いた3か月後、父親は洋室を日本間に、洋式トイレを和式トイレにしてしまった。さすがの木内監督もこれにはたまげたが、それだけ父親が子供のことを考えていたからこそ、松沼兄弟はプロでも活躍できるほどの選手になった（博久112勝、雅之69勝）。

近年は母親の方が熱心で少年野球のときからすべての試合についてまわっている家庭が多い。それだけならまだいいが、息子が彼氏であるかのように黄色い声を上げて声援を送る。息子とのかかわりは母親が主導で父親に発言権がない家庭が多い。いきおい、どうしても甘くなりがちだ。木内監督には、それが物足りなく映る。

「お母さんばかりに子供の教育を、男の教育を任せきっちゃダメなんだよ。お父さんにも意見を言ってほしいんだ」

父親も子供の教育にもっと参加してほしい。それが木内監督からのメッセージだ。

長男と一人っ子がレギュラーに多いときはわりあいにもろい

少子化が進み、きょうだいが少なくなった現代には通用しないと前置きをしながら、木内監督が教えてくれたのがこれだ。

「長男と一人っ子。これがレギュラーに多いときはわりあいにチームがもろいみたいな話があったんだよ」

半世紀に及ぶ監督生活で感じた傾向のひとつだ。

反対に「次男坊や三男坊が多いときは、これはガッツがあんだよ。粘り強いんだよ」。

そればかりにこだわるわけではないが、チームを編成する際には考慮に入れていた。

最近はきょうだいが少ないため、ほぼ全員が長男、一人っ子、末っ子に当てはまる。

そこで、常総学院のメンバーがきょうだいのうち何番目かを調べてみた（カッコ内はきょうだいの数）。

全国優勝した03年のメンバーは――

磯部2番目（3）、大崎大二朗2番目（3）、松林2番目（2）、井上2番目（2）、宮田竜一郎2番目（3）、坂2番目（2）、平野直樹2番目（2）、泉田正仁2番目（2）、吉原皓史2番目（2）、飯島2番目（2）、仁平2番目（2）、藤崎浩太2番目（2）。

なんと甲子園でスタメン出場した全員が弟だ。

これに対して、春の甲子園ベスト16、夏の甲子園4強の93年のメンバーは――

倉1番目（2）、円城寺隆光3番目（3）、佐藤一彦1番目（2）、市川一人っ子、根本1番目（2）、金子1番目（3）、木村1番目（2）、三宅富士雄2番目（3）、内田隆博1番目（3）と9人中7人が一番上のお兄さん。

木内監督が「Aクラスのチーム」と評価しながら、春夏ともに頂点に届かなかった93年と「このチームで優勝できるとは思ってません」と言われながら最高の結果を残した03年のチームの違いはこんなところにあったのかもしれない。

せっかくなので、他の強豪チームも調べてみた。松坂大輔を擁して春夏連覇を達成した98年の横浜は――

松坂1番目（2）、小山《こやま》良男《よしお》5番目（5）、後藤武敏《たけとし》2番目（3）、松本勉2番目（2）、常盤良太1番目（2）、佐藤勉2番目（2）、小池正晃《まさあき》2番目（4）、加藤重之2番目（2）、柴武志2番目（2）、斎藤清憲2番目（3）。

松坂とPL学園との試合で延長17回に決勝本塁打を放った常盤だけが一番上。常盤と併用されていた斎藤を含め、レギュラークラス10人中8人が弟という編成だった。

藤浪《ふじなみ》晋太郎《しんたろう》を擁して春夏連覇を達成した12年の大阪桐蔭《おおさかとういん》は――

藤浪1番目（2）、森友哉《もりともや》2番目（2）、田端良基1番目（3）、大西友也3番目（3）、笠松悠哉2番目（4）、妻鹿聖1番目（4）、安井洸貴2番目（2）、白水健太2番目（2）、水本弦3番目（3）。

やはり、弟が9人中6人を占めている。

根尾《ねお》昂《あきら》、藤原恭大《きょうた》らで春夏連覇を達成した18年の大阪桐蔭は――

柿木蓮《かきぎれん》2番目（2）、小泉航平2番目（2）、井阪太一1番目（2）、山田健太3番目

(3)、中川卓也3番目(3)、根尾3番目(3)、宮崎仁斗2番目(4)、藤原2番目(2)、青地斗舞1番目(2)。
根尾、藤原のドラフト1位コンビをはじめ、こちらも、9人中7人が弟だ。

これらのデータから、弟の方が大舞台で結果を残しやすいといえる。〝ここ一番〟に強いのは弟なのだ。

ノーサインは自立心を養うため、野球の知的レベルを上げるため、リーダーシップを持つためです

甲子園常連校の常総学院だが、95年から97年にかけて3年間の「空白」がある。そしてその3年間は、ノーサイン野球の時期と重なる。

「けっこう甲子園に来れたもんですから、甲子園至上主義はダメだと。みんな大学行って野球をやるんだから、甲子園、甲子園ばかりではいけないっていうように。監督はないものねだりなんでね。少し余計に(甲子園に)来れると、こういう教育でいいのかというような反省に必ずなるんスよ」

92年夏から94年春にかけて4季連続の甲子園出場。93年夏はベスト4、94年春は準優

勝と好成績をあげていたが、木内監督の中にはもやもやしたものが残っていた。93年のチームは優勝候補といわれながら、春は2回戦で初出場の東筑紫《ひがしちくし》学園（福岡）に、夏は準決勝で春日部《かすかべ》共栄《きょうえい》（埼玉）に敗れ、大旗には届かずに終わった。翌94年はセンバツで準優勝しながら夏は茨城県大会準決勝で土浦日大に敗退。力がありながら、なぜ、ここ一番で力を出し切れないのか。

93年の敗戦はともに5点をリードされる展開。木内監督いわく「負けパターンにはまりかかると先を読んでしまうという持病が出た」。あきらめの早さが目立った。94年夏は9回まで3対2とリードしながら勝ちの見えた最終回に3点を奪われて逆転負け。どちらも実力ではなく、精神面の弱さが敗因だった。

そこで思いついたのがノーサイン野球。子供たちを成長させるためのノーサイン野球だ。

「ノーサインは自立心を養うため、野球の知的レベルを上げるため、リーダーシップを持つためです」

夏の大会までは徹底的に鍛えて完ぺきにチームをつくってやる。その代わり、夏の大会は自分たちで考えて野球をしなさいというものだった。

この場面では送りバントなのか、盗塁なのか。バスターなのか、エンドランなのか。投手は続投させるのか、交代させるのか。ピンチではタイムを取るだけでいいのか、伝令を出すべきなのか……。間のスポーツである野球。試合中は考える場面が多くある。

ところが、常総学院には木内監督という絶対的な存在があるために、選手は監督に頼ってしまう。監督が有名になればなるほど、〝木内マジック〟と言われれば言われるほど、選手はベンチを見るようになり、自分で考えることをしなくなっていた。

上のレベルで野球を続けるには、指示待ち族ではいけない。自分で考えた積極的なプレーが必要になる。それによって自立心が養われる。観察眼が磨かれる。野球偏差値が上がる。リーダーシップが生まれる。木内監督はそう期待していた。

だが、結果は失敗だった。95年は4回戦で日立一に2対3、96年は準決勝で伊奈に3対5、97年は4回戦で太田一に4対5と公立校相手にすべて接戦での敗戦。木内監督の言葉を借りれば、「たらればの多い内容」だった。木内監督がサインを出しさえすれば、勝てていた試合ばかりだった。

その負け方を見て、木内監督はノーサイン野球をやめることを決めた。

「これで果たして子供らは幸せなのかなぁと。甲子園に行けるときは行かしてやった方が親切じゃないかと思うようになりましてね」

木内監督が再びサインを出すようになった98年以降、03年の一度目の退任まで常総学院は6年間で6回甲子園にコマを進めた。ノーサイン野球は高校生には難しかった。だが、木内監督には本当にこれでよかったのかという思いがある。

「こんなに手足にひもつけていいのかと。バントばかりやってどうすんだと。打てるバッター育たねえじゃねえかみたいのもあるでしょ。アメリカの話なんか聞くと、おおらかだなぁ、子供の野球なんだからそれでいいのかなぁと。私らは子供たちにないものねだりしてるんじゃなかろうか、なんて。監督も葛藤はしてんです」

自分がサインを出すことによって、もしかしたら子供たちの成長を妨げてしまったのではないか。サインを我慢していれば、スケールの大きな選手を送り出せたのではないか。木内監督は、監督を退いてもずっと自問自答していた。

今の子はグラウンドで練習してるだけで、ずいぶん練習したと思ってんです

「今の子は練習しなくなった」

木内監督はそう言う。高校時代の練習量が足りないから、大学や社会人といった上のレベルに進んだときに通用しない。ハードな練習についていく体力がなく、故障して野球ができない状態に陥ってしまう。

「今の子はねぇ、(中学時代)やっぱり週に土曜、日曜ぐらいで野球やってた人で、中

5日も休みみたいな人たちが非常に多くなりましたからねぇ。クラブチームの生徒がねぇ。ですから毎日のようにグラウンドで練習やってて っと、ずいぶんやってるような気がするみたいなんですよ」

木内監督の言うクラブチームとはリトルシニア、ボーイズといった中学硬式野球のチームを指す。これらのチームは多くが土日に練習や試合を行う。平日にも数日練習をするチームもあるが、練習時間や活動日数は高校野球の比ではない。身体がそのリズムに慣れているため、高校に入って毎日練習していると、かなりの練習をしているような錯覚を起こすのだ。かといって、常総学院の練習時間が長いかといえばそうではない。毎日3時間程度だ。

「上行って野球やるには、こんな練習じゃとても足りないよ。もっとやんないとつぶれっちゃうよ」

練習量の増加に加え、レベルの高い選手の中に入ることで自然と出力も大きくなり、高校時代よりも負荷がかかる。しっかりと身体づくりをしていないと身体が悲鳴をあげてしまう。

「今の子は非常に自分を守る能力が高い。これは親御さんあたりの入れ知恵もあんでしょうけどね。肩が枯れないように、なんて考え方をする子供がいまして」

故障防止のために1日に何球以上は投げない、少しでも違和感があれば絶対に投げないなど、指導者ではなく、子供自身で独自のルールをつくっているのだ。

「それはそれでいいですよ。ただ、いくら大事にしても壊れるヤツは壊れんスよ。肩を鍛えてる人はいくら荒っぽく使っても平気と。丈夫なのと弱いのがいるってことですか。丈夫なヤツが名選手になっていくように思いますね。やっぱり、ガラスの選手ってのはわりとどっかで挫折しますね」

仁志敏久は身体が強かった。そのうえ、練習量も半端ではなかった。「50年の監督生活でもっとも努力したのは仁志」と言うほどだ。

だから、木内監督は毎年、常総学院に入学が決まった中学生の父母向けに会合を開いた。

「高校野球を3年間やるのは大変です。常総ではケガをすれば学生コーチになるので野球はやれなくなります。生存競争ですから、入学前の身体づくりはしっかりするようお願いします」

ところが、父母の反応はいつも「ウチの息子は大丈夫です。心配ありません」というもの。中学を基準に準備をしないで入学するから、練習が始まると「ここが痛い、あそこが痛い」と言い出す。そこで初めて、「あれ、ウチの子はこんなに弱かったの」と気づく。

昔は今のようなトレーニング器具もなく、理論もなかった。それでも、選手たちは家に帰っても練習をした。取手二で優勝投手になった石田は通学に2時間もかかるのに夜にランニングを続ける努力家だった。野球部員の数が多く、負けたくないという競争があった。先輩後輩の関係も厳しかった。下級生で試合に出ようと思えば、実力で先輩を認めさせなければ納得してもらえなかった。今は道具も理論も発達。さらにスマートフォンなどで容易に多くの情報が手に入る状況にもかかわらず、グラウンドを離れたら野球に触れようとしない子供が多くいる。野球をやっているのに、プロ野球選手の名前も知らない。高校野球をやっているのに、甲子園常連校の名前も知らない子供が多くいるのだ。野球への情熱も向上心も薄らいでいる。

「今はね、1年間ぐらい待ってやる学校があります。身体ができんのをね」

だが、木内監督はそんな甘えは許さなかった。グラウンドではとにかく野球をやるのが木内監督の主義。グラウンド外でもできるトレーニングなどの身体づくりは子供の仕事と考えていた。監督の仕事は野球を教えること。

「身体ができんのを待っていては、野球を覚えねぇス。実力が五分だったら、野球をよく知ってる方が勝ちますから」

選ぶ選手じゃなくて、戦う戦手にするには、非常に手間がかかりますよ

「センシュ」を木内監督はこう表現した。

「戦手」——。

戦う者という意味だ。勝負事には欠かせない、戦うという気持ち。近年の子供にはこれが欠落していると木内監督は言う。

「今の子はいい子ではあるんですけど、戦手ではない。そんな気がしてます。ですから、『お前ら、勝負事に向いてない』『さっさとやめろ』みたいなことよく言うんですけど。『銀行員になれ』とかね（笑）」

いい子は扱いやすい。だが、闘志が前面に出ない。

兄弟が少なくなったのに加え、運動会で順位をつけない世の中。いい子同士、なあなあで育っているから競争の原理が成り立たない。だから、いい子が多いチームは接戦になるともろい。戦うという意志が弱く、野球をやらされている感覚になっているからだ。

「今の子供らは確かに幸せでね。両親そろって過保護で育ってますから。ですから扱い

やすくはなったですけど、人の情ってのがなかなかわかってくれない。もっとも、わかってくれとは思いませんけどね」

勝たせてやりたいから「戦手」にしようとする。「戦手」にしたいから厳しい言葉もかける。試合でミスをして交代させるのも、一軍から二軍に落とすのも、すべては競争心をあおり、負けたくないという気持ちを身につけさせたいからだ。

「選ぶ選手じゃなくて、戦う戦手にするには、非常に手間がかかりますよ。今の子は高校を大学に行くためのステップとしか考えてない。だからすり減りたくないっていうのもあるんですよ。それはそれでこっちも考えてやる。ただ、お互い妥協しながら、やるときは身体張ってやるというところまで教育しないと戦うチームはできません。野球のチームはいつでもできるけど、戦うチームはできない」

ところが、その気持ちが伝わらない。厳しいことを言われると、

「なんでこんなこと言われなきゃなんねーんだよ」

「なんでこんなことやらなきゃいけねーんだよ」

となってしまう。学校の先生の中には「なぜこの気持ちを子供は理解してくれないんだ」と怒る人もいるが、木内監督は気にしない。

「わかんねぇのが子供だと思うんですよ。その子供が大人んなって、自分の子供を持ったときにそういうことを感じてくれればそれでいいんで、わかってくれっていう教育は

してません、ハイ。わかんなくて結構、子供を持ったらわかっから。それでいいと思います」

勝つためには闘争心が必要。その闘争心を育てるべく「戦手」にしようとしているのだが、それが子供に伝わらなければ仕方がない。それは、その子供が、そのチームがそこまでのレベルだったということ。チームは子供の気持ち次第と思っているから、それ以上は望まない。あくまでも、野球は子供がやるもの。子供が行きたい場所に連れて行くのが、指導者の仕事。「甲子園に行きたい」というなら最大限の協力はするが、無理やり引っ張っていくものではない。

口うるさく言われることにうんざりしている子供たちも、いずれわかるはず。「監督はこのことを言っていたんだ」と。「もう少し早く気づいていれば、勝てたのに……」と後悔するだろう。だが、それでいいのだ。

社会に出れば、競争が待っている。あとになって気づいてくれるだけでも、「戦手」づくりをする意味はある。木内監督はそう思っていた。

今の子はね、先頭を切る人がいないんですよ

木内監督のチームづくりの特徴のひとつに「キャプテン交代制」がある。新チーム結成直後に務める人から始まり、たいてい秋春夏の県大会ごとに代わる。平均すると1年間に3人から5人がキャプテンを務めることになる。

01年の例でいえば、新チーム結成直後はファーストの小林一也、秋の県大会から春のセンバツまでは投手兼センターの村田哲也、春の県大会から関東大会は捕手の上田祐介、夏の大会は再び小林といった具合だ。主要大会ではクリーンアップを打つ中心選手の彼ら3人に任されたが、控えの永山祐史も途中でキャプテンを経験している。

キャプテンを交代するチームは多くない。まして、1年間に複数回の交代となるとまれだ。なぜ、何度もキャプテンを交代させるのか。それには、こんな理由がある。

「今の子はね、みんなしてつながって歩くというのが得意なんです。先頭を切る人がいないんですよ。みんな足合わせて平々凡々と育ってるんでね。(人に) あーだの、こーだの言って自分も言われんのが嫌なの。だから、黙ってりゃ何の弊害も起こんねぇとい

うような意識が非常に強いんですよ」

だからこそ、ひとりでも多くの子供にキャプテンとして先頭に立って引っ張り、周囲に目を配り、声をかける経験をさせるのだ。

監督に怒られるのもキャプテンの仕事。ときにはチームメイトに対し、憎まれ口もたたかなくてはいけない。厳しいことを言って反感を買いそうな場面でも、他の選手もキャプテンの役割を経験し、わかっているから理解することができる。それによってチームワークもよくなる。試合中のグラウンドでも、誰かに頼ろうと人任せにすることがなくなる。

「そういう意味で、9人がみんなキャプテンならば、もっといいチームになるんじゃないかというのがあるんスよ。それと、夏の甲子園は（観客が多く）何を言っても聞こえないから、選手たちが自立してないとダメなの」

01年は新チーム結成直後にキャプテンを務めた小林が、最後にもう一度、キャプテンに戻っている。もちろん、これにもちゃんと理由がある。

「3年にいっぺんぐれぇ、『これがキャプテン』ってのがひとりいるんですよ。それは最後にとっとくんです。どうせちゃんとやるのわかってますから。チームができたときだけすぐキャプテン。それでチームが大会かなんかで取りこぼしたときに『はい、お前クビ』って違うのを持ちだすんですよ。そして最後に戻してくんです。いっぺんクビになって何が足んなかったかってことを自覚すっから」

ちなみに、03年はナンバーワンの実力を持つ坂克彦をキャプテンに据えたが、01年とはまったく違う理由で松林康徳に交代した。

「坂にした一番の理由は1年から選手で出てっから。まして地元（出身）だしねぇ。でも、キャプテンとか4番にすると働かなくなるんスよ。自分が打たないとリードもできなくなっちゃう。風光明媚《ふうこうめいび》な霞ヶ浦《かすみがうら》の家に住んでますから、のんびりしちゃってるんですよ。家庭はいいしね」

松林が選ばれたのは実力よりも人間性。ケガもあり、ほとんど二軍にいた松林が4番を打ったのも姿勢を評価したからだ。

「オレがここ10年で一番努力したと思うのが松林なんですよ。今（甲子園期間中）も一生懸命トレーナーに治療受けてるようですけど、野球6か月しかやってねぇんだよ。高校野球6か月しかやんねぇで4番打ってるのは初めてですよ。ものはよくないんだから。気力でカバーしちゃうんだから。高校野球はそれでできんだ」

松林がキャプテンになり、チームにも変化が起きた。当初は坂を戻すつもりだったが、いい雰囲気ができてきたため松林が最後まで務めることになった。

「ホントは坂に戻したかったスよ。でも、ダメだったチームが松林がキャプテンになって県大会でスカッというチームになった。松林はじゃんけんも全勝。ツイてる男だろうと思って、とうとう代えなかったんです。ホントは彼は川崎の出身だから地元の坂をキャプテンにした方がウケがいいのよ、県内では。だけど、そんなことじゃなくて、やっぱりチームが一番大事ということでね。同じ日本なんだかんよ（笑）」

この他、チーム力を上げる目的以外にもこのキャプテン交代制は意味がある。01年のセンバツでセンターの村田哲也にキャプテンをやらせたのはこんな理由があった。

「人と話すのが苦手でキャプテンに一番ふさわしくない。だから成長すんだよ」

キャプテンは取材などで知らない大人と話す機会が多い。あえて嫌なことをさせることで人間的な成長に期待したのだ。

主力選手以外にもキャプテンを経験させるのも意味がある。常総学院から地方リーグの大学などに進学した場合、名門の出身ということでキャプテンを任されることが多い。そのときの予行演習をしろ、というわけだ。

「高等学校はこれが、これがって決めつけない方がいい。発展途上なんだから。みんなが（キャプテンを）経験して、いろんな苦労と経験を味わいなさいというのが最終教育だろうと思ってますんで」

チームのことはもちろん、個人の将来を見据えて、新たな可能性を引き出すためにキャプテンという役職を利用しているのだ。

1学年小さいですよ、今の子は

「1学年小さいですよ、今の子は」

常総学院で1度目の勇退をした03年、木内監督は取手二を指導していた頃の子供と常総の子供を比べてそう言っていた。時代的な背景に加え、公立校と私立の違いという面もある。

「私立高校で寮においてちゃんと管理してますと、子供たちに自己主張、自立心みたいなのが欠けてくるんスよ」

寮と学校とグラウンドを行き来する毎日。普通の高校生には日常の出来事でも、野球部員にとっては未知の出来事になる。

「たまには常磐線で帰ってみろみたいなことも言うんですがねぇ。一般高校生を見習えみたいなことを」

電車通学をしていれば、毎日刺激がある。それに加え、朝の通勤、通学ラッシュのつらさがわかるだろう。サラリーマンがどんな表情で電車に乗り、どのように電車の中で過ごすかもわかるだろう。親がサラリーマンの子供なら、その様子を見て自分の親がどのような思いで毎日通勤しているかを考えられるはずだ。だが、寮に入っていればそんな機会も失われてしまう。また、寮は個人部屋。私物も限られたものしかなく、寝たり、テレビを見たりして過ごすことが多い。毎日単調な生活になる。

「これがいけないんだね。工夫がなくなんだよ。自分の家にいる方が、いつ何をしてどうしようかと考えんだ。それに、一番痛感すんのはお互いを干渉したがらないという点。今の子はみんな一人部屋で育ってっから集団生活が苦手なんだな。自分のことはやるが他人のことはやらない。例えばセカンド後方のフライでもライトは『落としたっていいや』って傍観してんだから。寮もよしあしだ」

木内監督がこう語っていた頃よりも兄弟は減った。スマートフォンも登場した。他人に興味がなく、自分の世界に一人閉じこもる傾向はかつてより強くなっている。寮でチームメイトと生活していても会話は少ない。多くの子供が自室でスマホをいじっている状態だ。

また、現代っ子は木内監督が言うところの「イエスマン」が増えている。

「何か言うと『はい、わかりました』じゃなくて『はい、わかりません』と、こうくっかんね」

とりあえず「はい」と返事はするが、何もわかっていない。彼らの「はい」は「聞こえました」の意味なのだ。何がわからないのかと尋ねても、わからないことがわからない。要するに自分で考えることをしなくなっているのだ。この傾向もまたスマホによって顕著になっている。考えなくても、スマホで検索すれば一発で答えが出てくるからだ。木内監督が言っていた当時と比べるとさらに低年齢化が進んでいる。現場の指導者たちからも、現在の子供たちは「1学年どころか3学年は小さい」と言う声を聞くほどだ。

考えないだけではない。考え方も変わってきた。

「50年も（監督を）やってきて、毎年2人ぐらい『えー、こんな考え方すんの』っていう子に会いますから。私にとっては新しい品種なんですが（笑）、今まで受け持ったことのないような考え方をする子が入ってくんですよ。それを自分で受け止めて、どういう指導をするかということで毎年戸惑うんスけどね」

03年に勇退後、4年のブランクを経て07年秋に復帰したが、さらに時代は変化。08年夏の甲子園に出たときはこんなことを言っていた。

「今まで体験してない考え方を持つ子が5年の間に増えてきた。持論で『5年監督やらなかったら生徒がわかんなくなるよ』と言ってましたが、それと同じことがやっぱり起こりまして。普通はエースナンバーを背負うと『よし、任した』となるんですけど、『ピッチャーやりたかない』って。そういう考え方をする子がいるんだなと」

これからは、ますます理解できない考え方をする子供が増えるだろう。

指導法として木内監督は、どんな考え方であれ、とりあえずは否定せず受け入れてやること、受け入れたうえで対応することを意識していた。処罰、排除ではなく、対処法を考える。教育者ではなく、指導者としての考え方だ。

「昔ダメだったから今もダメっていう時代じゃないですから。いろんな考え方があっていいということで。それにしても、手がかかるようになりましたよ」

木内監督がそう嘆いていた時代よりも、さらに手がかかる時代。価値観の変化をどう受け入れ、どう指導していくのか。指導者も考え方を変えていかなくてはいけない。

ピッチャーは生まれるもの。バッターも生まれるもの。監督がいくら頑張ってもどうしようもないの

黄金期の西武の主力投手として2人で合計181勝を挙げた松沼博久（112勝）、雅之（69勝）の松沼兄弟。巨人の主力として活躍し、プロ通算1591安打の仁志敏久。日本ハム一筋20年、プロ通算1627安打の金子誠。木内監督は教え子からいくらいい選手が出ても、自分が育てたとは言わない。なぜなら、こう思っているからだ。

「ピッチャーは生まれるもの。バッターも生まれるもの。努力三分、親の血七分。結局、血筋。親の血が70パーセントよ。監督がいくら頑張ってもどうしようもないの。よく『あの監督があのピッチャーを育てた、あのバッターを育てた』って言うけど、そんなのはうそ。そういう子には、生まれながらの素質ってもんがあるんです」

プロに行くレベルの選手は初めからいい選手。監督どうこうよりも遺伝子の問題だと言う。では、そんな好素材と出会ったとき、指導者はどうすればいいのか。

「大学行って選手になれる、ドラフトされるって選手はほっといてもいいの。絶対よくなりますから。悪いときにちょっと相談に乗ってやればいい。直すんじゃなくて、相談に乗ってやる」

それよりも大事なのは、それ以外の選手をどうするか。むしろ、チームの運命はこちらで決まるといっていい。

「守備とかバントとかベースランニングといったものは、本人の心がけと練習。あんまり素質とは関係ねぇんだよね。そういう、できあがってない人たちを一生懸命つくってやんのが監督の仕事。上を高くすんじゃなくて、下を上げてやんです。競わせてレベルアップさせるためにね。上のレベルのヤツらだけじゃ、上位打線は組めても、下位打線が弱くなる。9人出なくちゃいけねぇんだかんね。下位打線を強くして、選手を取り替えても大丈夫になれば、選手層が厚くなって、チームは強くなんの」

入学時に135キロを投げていた投手なら、身体づくりとトレーニングをして、ちょっと指導しただけで140キロを超える。145キロを超えれば、プロ入りも見えてくる。メディアやプロのスカウトから注目されるから、指導者自身も気分がよくなってくる。ところが、入学時に120キロしか出なかった投手は、なかなか140キロを投げられるようにはならない。注目もされず、指導してもおもしろくないと感じてしまう。

ここが、指導者の間違いのもとだ。

「下を押し上げることが、チーム力を上げる基本になるんスよ」

それは、具体的にどういうことなのか。木内監督の答えは明快だった。

「よくないものをよさそうに見せるハートを入れる。これが監督の仕事です。いい監督っていうのは、選手の持ち味を最高のものに見えるようにして、最高の働きができるようにして大会に臨ませることができる人をいうんですよ」

張りぼてでも張りぼてだとわからなければばいい。メッキでも本物と思わせればいい。それができれば、相手は勝手に警戒してくれる。術中にハマってくれる。毒舌で心を鍛え、素質に左右されない部分の技術を上げ、フォア・ザ・チームに徹する選手が育てば、それなりに戦える。

「オレの教え子はプロで活躍した選手が少ないっていう人がいるけど、そういう選手らでやってってっから勝てるの。誰かに頼るチームにしちゃいけねぇのよ。そいつが準決勝でへばったら、そいつで負けちゃうんだから」

決してスターに頼らない。一流の選手をそろえなくても勝てることを証明したのが木内監督だった。

やっぱりバリエーションは持ってないとね。誰がケガしたから負けたとなったんではいけない。1人のケガで負けたんでは、40人、50人と困りますからね

適材適所という言葉をよく使う木内監督。

では、どのポジションに、どんな選手を起用するといいのか。歴代の教え子の例を出しながら、木内監督が思うポジション別の適性を説明してもらった。

まずは、投手。

「ピッチャーで一番使いやすかったのは島田直也よ。だって、マウンドに喜びながら行くもん。それに、自分を持たなかったよね。何連投とかそんな疑問をいっさい持たなくて、『島田、行け』って言ったら、『待ってました』って喜んで行ってくれっから」

木内監督は常々、「投げるのが好きなヤツはいいピッチャーになる」と言っていた。それがまさに島田だった。では、エースにふさわしい性格はどんなものだろうか。

「少しあんちゃんぽい人は、大会の、勝つ試合だけはいいんスよ。ところが、続かないの。今日はいいと思っても、あさってに『なんだ、これ』っていう野球をやられっちゃうんですよ。だから、ピッチャーで成功したのはまじめなヤツでしたね。1年生のときはまじめすぎて、それが災いでなかなか一人前に見えなかったような子が、3年間やったらある程度の結果を出す。そういうふうに思いますね。もちろん、素材もあるでしょうけど。石田（文樹）もまじめだった。ちょっとノミの心臓だったけどね」

なぜ、石田が活躍したのか。木内監督はこう分析する。

「素質は松沼弟と石田がピカイチ。でも、松沼は自分のために投げたの。いつも『何か記録をつくってやろう』って感じでしゃかりきに放ってた。それじゃ、甲子園に行けなかった。甲子園に行って勝つためには、石田のようなチームのために投げる男が必要なのよ」

逆にエースにふさわしくないのはどんなタイプだろうか。

「『今度はやってやるよ』みたいな、『今度、今度』って言っているようなヤツはダメだね。たまに、何回かに1回はすごいスけどね」

次に、捕手。

「キャッチャーはやっぱり、中島（彰一）でしょうね。つり球でヒット打たれて、『すいません』って帰ってくるのは中島だったたっスよ。これは『このバッターにつり球を使わなきゃよかった』っつう反省なんですが、そんなのは打たれてみなきゃわかりませんから。キャッチャーはやっぱり、『オレが悪い』って言える性格じゃないとダメです。ピッチャーが打たれたら、『オレが悪い』って言うヤツじゃないと。『ここへ放れって言ったのに、お前がそこへ放ったから打たれたんだ』じゃダメなんだよ。キャッチャーが『オレが悪い』って言えば、ピッチャーは自分で『オレが悪い』って思うから。それから、ボールを絶対後ろにやらないキャッチャーね。そうすれば、ピッチャーの絶大な信頼を得られっから」

近年は捕手の人材難に悩む指導者が多いが、木内監督はこう言っていた。

「オレの場合、キャッチャーが自分からキャッチャーをやるっていうチームづくりはわりあいに少ないの。やっぱり、『こいつがキャッチャーだ』っていうホントの適任者を見つけて、その人にキャッチャーを覚えてもらうってことを考えてます。常に見てれば、これはキャッチャーに向いてるなってわかります。見るのはフットワーク、グラブの使い方、キャッチボールね。それから性格。（ボールに対して）身体を持ってくか、手だけを持ってくか、そこだね。あとは頭のよさ。キャッチャーは、そういうものも大事かなと思ってるんスよ」

事実、03年夏に優勝したときの大崎大二朗はファーストからコンバートした捕手だった。

次に、内野手。

「ファーストとサードはバッティング重視でしょうね。高校生のファーストっていうのは、進学、進路の面で将来的に非常に大変なんスよ。そういう意味で、オレの場合は常にファーストをつくるのが少し遅いんです。他のポジションをやらせてて、最後にコンバートだから。それで、ファーストがあんまり強くないってことが多いの（笑）」

常総学院のファーストの特徴は、打者走者が一塁ベースを踏む際、踏むのと同時に一塁ベースを指さし、触塁確認をすること。これは、「審判に確認していますよ」と見せる意味もあるが、それ以上にファーストの性格をテストする意味もある。バッテリー以外でもっともボールを触る機会が多いのはファースト。触る機会が多い以上、信頼できる選手を置きたい。そのために、指さしによる触塁確認という面倒くさいことをさせるのだ。もし、それができなければ……「そいつは、外野！」。外野手に飛ばされる。

次に、二塁手。

「一番頭を使うのがセカンドじゃないスかね。ですから、野球の能力が少し足んなくても、非常に頭を使ってくれる、野球を知っていて、そつがない人がいいでしょうね。そういう人は多少無理でも使い通しますから、ハイ。セカンドで4番バッターの必要はないというように思います」

守備を重視し、観察力があり、機転が利く選手がいい。

「よくショートっていいますけど、今は守備の要はセカンドかなと思ってるぐらいです。

ゲッツー取るのにね。肩がよければ、右中間の打球でサードに放って、ランナーをセカンドで止めとくことができる。そういう意味で、仁志（敏久）がジャイアンツでセカンドをやってたのは適役だと思いますね。金子（誠）にもしばらくセカンドをやらせました。セカンドっていうのは、結構野球を覚えますよ」

次に、ショート。

「ショートはやっぱり、素材ナンバーワンでしょうよね。ナンバーワンは誰かといったら、そうよなぁ、守備の堅さで金子かなと思ってます。インパクトを与えるという意味では仁志や吉田（剛）でしょうけどね。仁志はどのポジションをやらせるよりも、ショートをやらすと一番だったと思います。体型が筋肉もりもりでごつごつした体つきだからかっこいいとは思わなかったっスけどね。吉田もいいんスけど、すこーし気持ちにムラがあったかんね。いいときはすごいスよ、あれ。職人肌だから」

素材ナンバーワンを置くため、チームの中心、一番期待する選手がショートになることが多い。

「そうでしょうね。ショートができれば、セカンドでも、センターでもできるよと」

2年生時のセンバツで吉田に捕手をやらせたように、木内野球ではコンバートは必須。秋から春、春から夏で大きくポジションが変わることは珍しくない。1年春からショートのレギュラーだった仁志ですら、セカンドとキャッチャーを経験している。

「やっぱり、バリエーションは持ってないとね。誰に何が起きようと、メンバーが落ちないよというようにしておかないと。誰がケガしたから負けたとなったんではいけない。1人のケガで負けたんでは、（他の部員たち）40人、50人と困りますからね。まぁ、あまりにも大胆に動かすんで親がびっくりしてます。『ウチのにできんだろうか』って」

コンバートはよほどのことがない限り、監督主導で行う。

「コンバートするとき、選手の気持ちは影響しないですね。やってて逃げたりすれば『キャッチャー怖いか？』とか『サードは怖いか？』とかって訊きますよ。当人が喜んでやってっか、それとも『やんなっちゃうなぁ』と思いながらやってっかは見ればわかっから。やっぱり、そのポジションをやってみてぇなって意識がないとダメですよ」

実は、この〝木内の法則〟を自ら破って起用したことがある。03年に勇退後、復帰して08年夏の甲子園に出場したときのエース・島田隼斗だ。茨城県大会は背番号4だったが、4回戦以降決勝まで4連投。29回3分の1を投げて5失点の好投で甲子園では1番を背負った。島田は関東一（東東京）との1回戦で先発したものの、5回3分の1を投げ、6安打8四死球で9失点（降板後の再登板含む）。試合後、木内監督はこう言っていた。

「島田が『野手をやらせてくれ』っていう心理がわかりました。それをピッチャーにしたオレが悪い。やっぱり、お父さんと重ねて見ましたもんですから。ピッチャーが『ピッチャーをやりたかねぇ』って言うのをもっと重く受け止めなきゃいけないのかなと。これが一番自分で後悔するところです。われわれは資質というものを大事にしますんで、『これがやらないで誰がやるんだ。甲子園行くためにこれが必要なんだ』っていうのがあったんですが」

島田は木内監督が「一番使いやすかった」と言った島田直也の息子。血筋も資質もあったが、父と比較されるのが嫌で「投手をやりたい」という気持ちだけがなかった。やはり、やりたくないものは伸びないということだろう。

ちなみに、ここまで話に出てこなかった外野は――。

「いろいろやらして、あんまり細かいことに向かないって子は外野に持っていって、のびのびやらせる。それしかないスね」

木内流のポジション決定法。ぜひ、参考にしてもらいたい。

たった2年だかんね、高校で子供を育てるのは。一日でも長くボールを持ちたいって考えたんだよね

「オレはノックやトレーニングでチームをつくらない」

それが木内監督のポリシーだった。それが表れているのは、冬場の練習。高校野球の場合、多くの学校は冬場をトレーニング期間に充てる。ボールを使った技術練習は少なく、やっても基本練習程度。走り込みやトレーニングで身体づくりをするのが定番だ。ところが、木内監督はトレーニング系の練習は少ない。やるのは、冬でも実戦だ。土日になれば、紅白戦をやるのが常だった。

「土浦一高の監督時代は、秋の大会が終わったらもう野球をやらなかった。陸上選手のトレーニングでした。ところが、勝てない。昔は近畿、四国が強かったでしょう。なぜかと考えたら、冬の寒さがわれわれよりゆるいんで、年中ボールを持てる。その差じゃないかと。たった2年だかんね、高校で子供を育てるのは。一日でも長くボールを持ちたいって考えたんだよね」

プロ入りするような好素材がそろう私学を除けば、素材の差はそれほど大きくない。強くするためには、野球をすること、実戦を多くすることが有効だと判断したのだ。

「やっぱり、試合がうまくなくちゃいけない。それで、試合形式の試合に強くなる意味の練習をやんだよね。いい素材が来たときは実力がつく練習もしなくちゃいけねぇんだけど、つまんねぇ素材ばっかりのチームのときは、実戦、実戦でチームをつくっていく。そうすっと、BクラスでもAクラスぐらいの野球が喜んでできちゃうんだな」

試合形式でやることで、「対相手」との勝負になる。野球はどんなに美しいフォームで速い球を投げても抑えられるとは限らないし、どんなに美しいフォームで鋭いスイングをしても打てるとは限らない。たとえ形が悪くても、結果を出した方の勝ちなのだ。

「ピッチャーなら覚えたボールをテストするとか、かけひきをつかませるんだね」

複数のチームをつくり、冬場にリーグ戦形式で紅白戦をしたこともある。98年のチームのときは、12月から30試合以上を実施。敢闘賞の賞品まで用意して、やる気をあおった。試合は、それぞれのチームに監督やコーチは口を挟まず、選手たちだけでやらせることもある。スタメンも作戦も選手交代もすべて選手たちだけでやることで、考えさせたのだ。「対相手」の機会を多くつくるとともに、あらゆる状況を経験させて選手に学ばせる。

「当然、イニング、アウトカウント、点差、打順がみんな違うわけ。自分で判断できてやるのと、何も知らないでやるのでは大きな違いなの。それと、ゲームでの実績がともなえば精神力は自然とついてくる」

だが、それだけで終わらないのが木内監督。試合を観ながら、自ら考える時間にもしていた。

「私のチームづくりの基本は、相手監督になったつもりで『どうしたらウチのチームに勝てるか』を考えること。各バッターのウイークポイントを突き、次に守りの欠点を考える。さらに全体の弱点を調べべんですよ。今の常総に勝つとしたら、相手はどんな策をしてくるか。それを考えて、その策を防ぐ練習をやる。要するに、負けパターンの対策を先取りしてやっとくわけ。そうやって欠点を矯正すれば、より強力なチームになれるかんね」

選手たちに任せない紅白戦では、わざわざ「このバッター、外角にカーブ放ったら絶対打てねぇかんな」とバッテリーに聞こえるように欠点を教えた。当然、その球が来ればば打てない。だが、その欠点を克服する方法は教えない。選手が自分自身でどうすればいいか悩み、考えて練習するのを待つのだ。

「自分の身体で覚えたことは、簡単には忘れないかんね。それに、なんでも『ハイ、ハイ』って聞く生徒は主体性のない生徒が多い。素直に返事が返ってくっから、こっちは理解させたと思ってんのに案外わかってないことが多いんだよね」

「自分がどうしたいか」だけでは結果は出ない。「相手はこうしてくるだろう。だから、これをやる」と予測することで、自分が何をするべきかわかる。それができれば、試合でも配球を読んだり、監督の作戦を予測できるようになる。木内監督はそんな選手が出てくるのを待っていた。実戦には、実戦でしか学べないものがある。個の力よりもかけひき、考える力を重視する。それが木内野球なのだ。

今のプレーは最善じゃねぇから もう一回

木内流チームづくりの特徴である冬の紅白戦。選手たちにオーダーやサインを考えさせてやらせるのが基本だが（前項参照）、そればかりではない。野球がわかっていないプレーや自分たちの特徴がわかっていないプレーなどが出ると、ネット裏の本部席で観ている木内監督からマイクで指示が飛ぶ。

「今のプレーは最善じゃねぇからもう一回！」

例えば、無死一塁からエンドランを試みてダブルプレーになった場合。木内監督の指令でやり直しが命じられる。

「このバッターは右には打てねぇの。だから送りバントの方がいいの」

アウトになった打者が再び打席に立ち、今度は送りバント。成功して1死二塁になるが、そのまま試合は進まない。

「今のはオレが言って成功だからなし！」

エンドランが併殺打になった場面に戻り、2死走者なしから再開となる。

この他にも、本塁を狙った走者が足からスライディングをしてタッチアウトの場合。今度はヘッドスライディングでもう一度やらせる。ときには「走る姿が悪いからもう一回！」ということもある。セーフになるまでやらせるが、やり直しのため無得点。アウトの状態で再開となる。

選手に任せると、どうしても監督がその選手に求めていることとは違う作戦を選択することがある。それでは試合に活きない。勘違いさせないためにも、自分の役割を知ってもらうためにもやり直しを命じるのだ。成功するまでやるのは、もちろんよいイメージを持って次回から練習してもらうためでもある。

ちなみに、これが紅白戦だけで終わらないのが木内監督らしいところ。教え子が相手チームの監督を務める練習試合では、対外試合にもかかわらず同じことが行われる。「今のそれおかしいっぺ。やり直し！」。いちいち試合が止まるのだから相手はたまったものではない。それでも「勉強になる」とまた試合をする人と「もうあんなのは嫌だ」と試合をやらなくなる人に分かれる。

こんなことをしていたら試合にならない。木内監督しか許されないこと。だが、ここまでやるからこそ、選手は場面ごとに何を求められているのか、何をすべきなのかがわかるのだ。

教えんじゃねぇ！　このど素人が！

「教えんじゃねぇ！　このど素人が！」

部長として木内監督と長年コンビを組んだ大峰真澄は、今でもこう言われたことを忘れない。大学を卒業してすぐ常総学院に赴任。グラウンドで練習していたときのことだった。ネット裏にいた木内監督からマイクを通して怒鳴られたのだ。

「こっちも大学までやってきて、気づいたことがあれば何か言いたくなるでしょ。でも、それをすると怒られる。『一軍はオレが観てんだ。さわんじゃねぇ。それはお前の仕事じゃねぇ』って」

なぜ、怒られなければいけないのか。初めは理解できなかった大峰だが、徐々に木内監督の意図がわかってきた。

「木内監督は取手二高で弱い時代からやってきて、強いチームにどうやって勝つかをずっと考えてきた人。オレが教わってきた野球とは違うんだよね。だから、違うことを教えられると困るんだ。結果的には、木内監督の野球を理解するまでに5年かかった。ずっとそばにいて、子供に解説できるまで理解するのに5年だよ」

木内流〝弱者の戦法〟は細かい部分にまでこだわりがある。理解するまでにそれだけの年月を要するということだ。

では、木内監督がコーチに求める役割は何なのか。

「よく言われたのは『おめぇが見んのは、サブグラウンドの1年なんだよ』と。一軍以外を教えて、鍛えるのがコーチの仕事。一軍の練習を手伝うときは、『スムーズに練習をまわすのがおめぇの仕事だ』と。守備についている選手がちゃんと構えて守ってるかを見る。守備練習が終わりそうになったら次の準備をする。次がバッティングなら何所で打つのか。ピッチャーに肩をつくるように言うのはもちろん、キャッチャーが何人必要かも指示をする。ノックを打ちながらも、次の練習の指示を出せるようにならないといけなかった」

技術や野球以外のことで怒られるような選手がいるのはコーチの責任。監督はあくまで野球を教えることに専念できなければいけない。

木内監督はせっかちなため、練習メニューが切り替わるときもダラダラすると雰囲気が壊れる。その流れを切らさないのもコーチの責任。とにかく監督がやりやすいように、気分よく指導できる環境をつくるのがコーチの仕事だった。

「野球ではクソミソに言われるからね。『このクソじじい』と思ったのは何度もあるよ

（笑）。でも、嫌にはならなかった。それは、あの人の人柄だろうな」

自宅に送って行く途中に食事に連れて行ってくれたり、海へ魚釣りに連れて行ってくれたりした。あるときはゴルフクラブのセットをプレゼントしてくれた。「まっすぐいくようになったら連れて行ってやる」。何度もコースに連れて行ってくれた。グラウンド以外でしっかりフォローがあったから、監督のサポートをしっかりやろうと思えた。

厳しいが、気配りがある。そうやって心をつかむのが木内監督なのだ。

野球は頭で強くする方法もできんだよね

取手二時代、試合のある朝になると木内監督は選手たちにテストをしていた。監督は監督、選手たちは選手たちで研究した対戦相手の特徴や弱点などをお互いに出しあうのだ。

「あのピッチャーはこう攻めてくる」「キャッチャーの肩が弱い」「レフトの肩が弱い」「ショートのキャッチボールがいい。あいつが球持ったら無理するな。アウトになる」など木内監督が見つけた10か条と選手が見つけた10か条がどれだけ一致するか。一致する数が多いほど、木内監督の教えを理解していることになる。

優勝した84年の取手二の場合、「10か条のうち、生徒から最低7つは出た」という。木内イズムが染み込んでいるから、試合中、監督に指示されなくても自分が次に何をすればいいかわかる。監督の出すサインも予測できる。心の準備ができているから、結果も出る。強いのは当たり前だった。その証拠に、優勝した直後に常総学院に移った木内監督なしで出場した秋の国体でも優勝している。

ところが、03年の優勝チームで同じことをやっても、10か条のうち3つしか出ないのだという。なぜ、こんなにも差が出るのか。

ひとつは、普段から自分で考えようとしないから。問題を与えられても、答えを言われるまで待っている。木内監督が監督をしていた当時でもそうだから、スマホでなんでも検索できてしまう現代の子はもっと頭を使う習慣がないだろう。

もうひとつは、常総学院には室内練習場があるからだ。公立校の取手二には室内練習場はない。そこで、雨が降ると木内監督による野球講義が行われた。ある試合のある場面を例に出して、なぜあそこで相手投手はあの球を投げてきたのか、なぜあのカウントでスクイズのサインを出したのか、といったことを解説する。野球の奥深さ、おもしろさを教えたのだ。

「雨降ったら講義ばかりだから、知的レベルが上がんのよ」

全国優勝した取手二のセカンドだった佐々木力は講義の内容についてこう言う。

「ボールデッド、ボールインプレー、スリーフィートはどういうことかとか基本的なこと。バントなら自分が生きるバントと犠牲バントの2つの話があって、そこからセーフティー気味に送るバントとか、プッシュバントでも逆をつくのかとか、どんどん枝分かれしていきましたね」

もちろん、高校生には難しい話もある。そんなときは、何度もくり返し解説し、理解させた。「オレ、話長いかんね。バントひとつ話すにも2時間以上」と笑う木内監督だけに時間はかかるが、理解することによって野球偏差値は上がり、試合での好プレーにつながった。

一方で、常総学院には室内練習場がある。雨が降っても「『喋ってるより、球を打て』と、こうなっちゃうんだ」と室内での打撃練習になる。打撃の技術は上がるが、野球偏差値はそのまま。頭を使うことで生まれるプラスアルファが取手二のようには出てこないのだ。

取手二が破った学校は箕島、福岡大大濠《ふくおかだいおおほり》（福岡）、鹿児島商工、鎮西《ちんぜい》（熊本）、ＰＬ学園。嶋田章弘、杉本正志とドラフト1位投手2人を擁した名門・箕島、桑田真澄、清原和博のＫＫコンビがいたＰＬ学園と明らかに分が悪かった相手に勝てたのも、野球偏差値が高かったからだといえる。

「野球は頭で強くする方法もできんだよね」

講義がどれだけ効果があったかは、結果が物語る。雨の日をどう使うのか。環境が整った現代だからこそ見直してもらいたい。

子供たちが「借りができた」という負け方をする立場にならんようにというのを常に心がけてるんです

木内監督の人生を決めた一球がある。

木内監督が土浦一の3年生だった50年の夏。準々決勝の茨城との試合だった。3対2と1点リードで迎えた9回裏。塁上には走者が2人いた。

このピンチで、打球が左中間に飛ぶ。センターを守っていたキャプテンの木内と副キャプテンのレフト・中島仁平のちょうど中間にボールが来た。2人はともにダイビング。白球が2人のグラブをかすめて左中間を転々とする間に2人の走者が還り、逆転サヨナラ負けを喫した。

「私自身は捕れなかったと思ってるんですよ。でも、やっぱりグラブにさわった以上、捕っちゃうべきだったというのがあった。あの頃の人間ってのは義理堅さ、律義さみたいなのが子供の頃からあったわけですよ。学校に借りができたみたいなのがあった。借りをつくったから返すにはどうしたらいいかということをね、子供ながらに考えたんスよ。高校生が学校に借りができたはねぇんだがね。お金払って学校行ってんだから（笑）」

考えた結果が、卒業後も後輩を指導することだった。それまでも、キャプテンとしてチームを引っ張っていた。当時の市村要監督は農家の仕事が忙しく、練習に来るのは週に1度程度。毎日の練習メニューは、早弁をした木内キャプテンが昼休みに自転車で片道40～50分かかる監督の家に聞きに行っていたのだ。

監督がいないからノックはキャプテンが打つ。自分の練習よりも他人に時間を取られることになったが、キャプテンだから当然だと思っていた。高校生の頃から、半分は指導者みたいなものだった。

「そんな大それたふうに考える必要はなかったのよ。たかが子供の野球なんだから。ただ、それをやってる当人らは子供の野球だと思ってないんだね、あの頃は。負けると応援団の連中やなんかがなぐさめてくれるわけよ。そうすっと余計悲しくなっちゃうのよ。水戸駅から歩いて30～40分のグラウンドで、帰る途中で那珂川《なかがわ》って川を渡るんだけど、陸橋から飛び込もうかななんて考えたこともあった」

土浦一は県下屈指の進学校。決して野球の強い学校ではなかった。勝利を要求されていたわけでもなかった。それでも、木内監督は借りができてしまったと考えた。
「今の子じゃ、そこで涙こぼして終わっちゃうんでしょうけどね。副キャプテンと『地元だから2人でどちらかがノッカーやるしかねぇべよ』とひざ詰め談判したんですよ。ところがそいつは就職を決めてた。それでオレが手伝いを引き受けっかということになりまして」

慶應義塾大学に合格していたが、学校には行かなかった。学校に借りを返そうと下級生のためにノックや指導に行っていたのが指導者人生のスタートだった。
「だから今でも子供たちにそういう負け方をする立場にならんようにというのを常に心がけてるんです。『こいつがエラーして負けた』と同窓会で必ず言われますから。そうすっと、だんだんその子来なくなっちゃいますから」

普段は「ヘタくそ」「やめちまえ」と平気で毒舌を吐く木内監督だが、それは試合で自分と同じような思いをさせたくないから。態度にこそ出さないが、心はあたたかい。

人生を変えたひとつのエラー。その重みを十分に知っているからこそ、練習では容赦しないのだ。

肩書きがない分、どこの学校の伝統を受け継いで、どういう野球をやんなくちゃいけないってのがないのよ

ミックス野球――。

木内監督は、自らの野球をそう言っていた。自らプレーしたのは高校までで、大学以上の高いレベルの野球を経験していない木内監督。「野球の教育を受けていない」ことを自覚していたから、なんでも勉強材料にした。

「大学出身じゃないんで、そこで教わった野球を当てはめていくんじゃねぇの。肩書きがない分、どこの学校の伝統を受け継いで、どういう野球をやんなくちゃいけないってのがないのよ。早稲田でも、慶應でも、ジャイアンツでも、日立製作所でもかまわねぇの。学童野球観たって、オールジャパンのソフトボール観たって参考になるものはある。自分が観た野球の中で『これはいい』というものがあれば、すぐ取り入れるミックス野球だね」

野球を観るのは大好きだが、球場まで足を運ぶタイプではない。大学野球は行っても年に1、2回。プロ野球にいたっては数年に1回行く程度だ。野球を観るのは、もっぱ

らテレビでということになる。

「野球の勉強はテレビですんの。野球放送の時間帯にどんなに見たいテレビがあっても娘は見せろとは言わなかった。『パパが勉強してる』って。もっとも、家内には『昼間野球やってて、夜まで野球観ることないでしょ』って言われたけどね。技術を盗むのはテレビ。ゴロを捕る格好とか、投球フォームとか、バッティングとかね。それを観て、『これだ』というもんを取り出してくる。解説者が言ってることを聞いて『なるほど。だからきのうはあんなつまんねぇピッチャーに抑えられたんだ』とかね。それが次の日から私の野球になんの。（野球のことは）寝ながらでも考えたね」

　3人監督がいれば、3人とも考え方や指導法が違う。采配も変わる。1人を観るだけだとすべてを受け入れることはできないが、3人を観ればそれぞれのいいところを盗むことができる。

「3人集めれば、いい監督になるよ」

　変なプライドがない。「こうでなければいけない」という固定観念もない。何でも取り入れようとするどん欲さが、セオリーや常識にとらわれない木内監督を生んだ。

時代とともに使う言葉が変わってくんのよ

取手二を指導していた頃、子供たちの一番好きな言葉は「自由」だった。だから、何かあると自由という言葉を使った。例えば、甲子園の宿舎での予定表。起床何時、朝食何時、朝食後自由時間。出発何時、昼食何時、昼食後自由時間。4時半から5時20分まで外出自由、夕食何時、夕食後自由時間。消灯何時。「自由」という文字が4度も使われている。

だが、50分間の外出時間を除けば、厳密には本当の自由ではない。外出が許されていない以上、自室で寝るかテレビを見るかぐらいしかできない自由だからだ。

「ホテル内待機、インチキの自由でも『自由』っていう言葉で表現するだけで子供らはリラックスすんの」

ところが、徐々に自由が当たり前の世の中になり、自由が有効な言葉ではなくなった。20年後の常総学院では別の言葉を使った。

「今は楽しむって言う。今の言葉はな。楽しめっていう言葉が、ひと昔前の自由なの。

そういう意味で、楽しむって言葉を多く使うようにしてます」

「甲子園を楽しみたい」「試合を楽しみたい」

近年の高校生は「楽しむ」という言葉をよく使う。だが、彼らは楽しむの意味をはき違えていることが多い。

高校生の部活動とはいえ、高校野球は勝敗を争うものだ。1個1000円のボールを使い、5～6万円もするグラブを使う。ユニフォームに練習着やセカンドユニフォーム、バットや打撃用手袋、エルボーガードやフットガードなど使用する道具が多く、他の競技に比べてお金もかかる。だから木内監督は「遊びでやってもらっては困る」と言う。「楽しむ」と言っても「楽」ではないのだ。

「負けて楽しいわけねぇんだよ、絶対。みんな泣いてんだから。泣いて楽しい人はいないんだかんねぇ」

勝つためには当然、苦しい練習をしなければいけない。

「弱いところはやりながら楽しむんだから。ウチは苦しんでやってもいい。最後に勝ってよかった、勝つ楽しみを味わおうということなんだ」

いい選手にしたい、勝てるチームにしたいと思うから、監督は厳しくならざるをえない。「高校生を扱ってて、『これでいい』はないと思いますよ。伸び盛りだから。監督は欲が深いから、子供たちにとってはきついね、きっと」

常総学院では基本的に高校で野球をやめようと思っている人は野球部に入らないようにお願いしている。そうでなければ、勝つための苦しい練習に耐えられないからだ。

「1点差で逃げてるぐらいの接戦のときに生徒の中から『接戦を楽しもうぜ』という言葉が出てくっといいんですよ。そういう意味ではいいんですが、最低『接戦を楽しむ』ぐらいんとこで、あとは勝てたことを今までの過程において楽しむというようなものであって、Aクラスのチームは楽しい練習はできねぇんです」

勝って楽しむ。勝つためには苦しい練習が必要。木内監督の姿勢は一貫している。

「指導というのは、遊ばしたんじゃいけねぇスから」

遊びで野球をやっているわけではない。だから木内監督は「楽しむ」という言葉は好きではない。あくまで「楽しみたい」という現代っ子の心理を利用するのだ。

昔の生徒が「自由」でリラックスしたように、現代っ子は「楽しむ」でリラックスする。長期間にわたるホテル生活も「大阪を楽しめ」と言うだけで窮屈さを減らすことができる。わずか50分の外出時間でも「たこ焼き楽しんでこい」と言うだけで充実したものになる。ちなみに、木内監督は自由時間の外出用に私服を持って来させていた。野球を忘れてリフレッシュさせるとともに、校名入りのTシャツを着ていることによる無用のトラブルを防ぐことが狙いだった。

「時代とともに使う言葉が変わってくんのよ。だから監督ってのは、毎年新しくなってかなくちゃいけないんだよ。10年前のそのままじゃダメなの」

時代とともに監督も変わっていかなくてはいけない。子供たちの変化に合わせた柔軟な対応ができなくてはならない。木内監督自身、毎年新しくなっていたからこそ、50歳以上も年の離れた子供たちを操縦できるのだ。

明日の出発は8時47分

コーチだった佐々木力がこっぴどく怒られたことがある。常総学院グラウンドで行われた世田谷学園（東京）との練習試合でのこと。その日は朝方まで雨が降っていた。雨が上がり、水抜きなどグラウンド整備をすれば、試合はできそうな状況。グラウンドにいた佐々木に木内監督から電話がかかってきた。

「今日は試合できんのか？」

「整備して、11時ぐらいにはできっかもしれないですね」

佐々木をはじめ選手たちが総出で作業にあたる。スポンジで水を取り、杭を打って水を抜くなど、懸命の整備をしたが、グラウンドはなかなか乾かない。11時になり、相手校は到着。木内監督もやってきたが、試合はまだ始められる状況ではなかった。それを見た木内監督の機嫌が悪くなる。

「11時にできねぇだろ。どーすんだ？　土全部取っちまえ」

そう言われた佐々木はショベルカーを借りてきて、ドロドロの土を全部取り除き、なんとか試合を行った。佐々木は言う。

「『お前が11時つったんだぞ』ってそこまでやられました。木内監督は時間に遅れるのが大っ嫌いな人なんです。甲子園に初めて出たときに部長が時間を間違えて、高野連にこっぴどく怒られたらしいんです。それ以来、甲子園は絶対時間に遅れたらいけないというのが染みついてるんですよ」

高野連は初出場校に厳しい。特に時間に関しては、「もう甲子園に出られんようにするぞ」というぐらいかなりキツく言われる。このことが常に木内監督の頭にあるのだ。

「日頃からそうなんですよ。時間はいつも分単位ですから。『明日の出発は8時47分』とか（笑）。こっちからすると、『なんなんだよ、その47分って。50分でいいだろう。9時でいいだろう』って思うんですけど、絶対しない。監督の中では『明日はちょっと混むから』とか、そういうのがあるんですよ。びっくりしちゃいますよ。細かいですよ」

人間の心理として8時50分と言われるより、8時47分と言われた方が記憶に残りやすい。アバウトではないから、より正確に時間を守ろうとするようになる。時間を守らせるにはどうしたらよいか。あえて中途半端な数字を使い、遅れるのを防ぐ。これが木内流の時間管理術なのだ。

茨城県全体のレベルが上がらなかったら、甲子園に出ても勝てるチームは生まれないんだよ

甲子園ではまずないが、茨城県大会では試合後に木内監督が相手の監督の采配について話をすることがある。それは直接本人に言うこともあるし、マスコミを通じて言うこともある。

例えば、93年夏の伊奈戦。7回を終わって伊奈が2点をリードし、大金星は目前だった。8回裏、金子誠に本塁打を打たれ、4番の根本健志を迎えたところで伊奈・小菅勲監督が動く。右のアンダースローから右のオーバースローの投手に交代したのだ。

「根本っつうのは、あれはオーバースローの『エイッ』ってのに強いんだよ。ところが、アンダースローになると打てなかったの」

代わった投手から根本は三塁打。これをきっかけに常総学院が逆転し、伊奈は大金星を逃した。

「なんで根本んところでアンダースローを引っ込めたんだと。ホームラン打たれたからって代えるんじゃダメなんだ。バッターには苦手なタイプってのがあるんだから」

03年夏の東洋大牛久《とうようだいうしく》戦でも同じようなことがあった。5回裏2死満塁。左打者の井上翔太に回ったところで大野久《ひさし》監督（元ダイエー他）は投手を右の大野彰之から左上手投げの水澤健太郎へとスイッチする。だが、継投実らず井上に走者一掃の三塁打を打たれた。

「あの左じゃなくて、横からの左がいたんだよ。これをもってくればそのバッターを代えようと思ってたのね。そしたらオーバースローの左をもってきた。こりゃ、代える必要ねぇと」

　右左の違いはあるが、根本同様、井上も変則的な投手を嫌い、オーソドックスなタイプに強い打者だった。

「何も左バッターだからって左ピッチャーをもってきたら抑えられるもんではないよと。打ちにくい横っちょの左がいたんだから、それをぶつけてりゃあ、オレはそのバッターを代えてたんだから。だからあのピッチャー交代は間違いだと喋っちゃったんだけど、大野は教え子だからそこまで話したんだよ。そういうことを記憶しといてくれと。教え子じゃなかったらそこまで言わねぇよ」

　小菅監督は取手二が優勝したときのサード。大野監督は取手二が甲子園初出場を果たしたときのセンター。監督としてレベルアップしてほしいという教え子を思う気持ちから出た言葉だった。その後、小菅監督は下妻二《しもつまに》と土浦日大を率いて甲子園出場を果たしている。

そしてもう一例。木内監督が試合後、教え子ではない相手監督にアドバイスを送っていたことがあった。

「いいチームになった。でも、7回にウチは1アウトからバントで送ってんだから、勝負にきちゃダメだっぺ。あれで試合が決まっちゃったんだから」

若い監督だったとはいえ、そのアドバイスが未来の常総学院の負けにつながる可能性もある。だが、木内監督にそんな小さな考えはなかった。

「茨城県全体のレベルが上がらなかったら、甲子園に出ても勝てるチームは生まれないんだよ。早くオレ以外の茨城のチームが全国優勝してほしいね」

茨城県で生まれ、茨城県で育った木内監督。地元への愛着は強い。県全体のレベルアップが必要。そんな想いがあるから、他校の監督の采配に注文をつけるのだ。

監督を引退後、茨城県の高校野球について問われた木内監督はこんなことを言っていた。

「負けた、勝ったの判断が早いです。私も早いですけど。オレの場合はそれを宣言することによって、子供らがくつがえしてくれっから。そう言うことによって生徒は本気になる。9回ゲームセットまでわかんないんだよということが子供らん中に浸透する教育をする。関西から選手集めて、なんでどこも強くなっちゃうんだといったら、やっぱり『オレは勝つために来たんだ』という自覚がある。だから気合でやってんだよ、野球を。もっと勝つ夢を持ってほしいね」

茨城野球のレベルアップを願っていた木内監督。生前、ついに茨城県から日本一になる学校は出なかった。その目で見ることはできなかったが、天国から教え子、そして茨城県勢の奮闘、活躍を祈っているはずだ。

ノックを打たなくなって見てると、一人ひとりに指示ができきっちゃうのよ

試合前のシートノック。監督にとっての見せ場だ。最後のキャッチャーフライがきれいに上がれば、スタンドから拍手が起こることもある。だが、木内監督はノックを打たない。というよりも、ノックを重要視していない。「ノックが打てなくなったらやめる」と言った智弁和歌山の髙嶋仁元監督のようなこだわりはまるでない。

「『ノックでは試合の守備は上達しない』っていうのが持論なの。うまくなるのはバッ

ティング練習のときに守って、バッターが打った球を捕るのが一番なのよ。ノックは型づくり、基本の確認作業だね」

もちろん、木内監督も若い頃はノックを打っていた。打たなくなったのは常総学院に移ってからだ。

「常総に来てから、ほとんど打ってません。来たのは53（歳）ですかんね。やれば十分にやれんですが、来るとき優勝して来ちゃったでしょ（取手二で全国優勝した直後の秋に赴任）。私立高校だから、スタッフをちゃんとそろえといてくれたんです。だから、オレがやろうとすっと『いいです。私やります』って言われっちゃう。こっちだって少しはノック打ちたいのよ。そうやって早く打たなくなっちゃったから早く衰えちゃった。そんなことで他の監督さんより早く終わったかなという気はしますね」

打ちたい気持ちはあったものの、ノックをするデメリットも感じていた。

「ノックやってっときは、口きけねぇの。口をきくとリズムが変わんの。芯から外れんのよ、ノックが。呼吸が乱れてね。まして、ほめるわけじゃねぇんだ。怒んだから。怒鳴るんだから（笑）」

元来、だまっていられない性分。ひとことどころか、ふたことみこと言わなければ気が済まない。ノックをする監督自身は汗をかき、声が枯れるが、選手からすれば決して効率のよい練習とはいえなかった。

そんな気持ちもあったから、ノックを打たないことを簡単に受け入れられたのだろう。

ノックを打つのをやめてみると、大きな気づきがあった。

「ノックを打たなくなって見れるようになったね。打たなくなって見てると、一つひとつ注意が飛ぶのよ。『真ん中で捕れ』とか『もう少し左で捕れ』とか『捕ってから歩きすぎる』とか『捕ってから投げるまで腕の振りが大きすぎる』とかね。一人ひとりに指示ができきっちゃうのよ。全部見てっから。『ピッチャーなにやってんの』ってブルペンの方までふりかえってたでしょ」

ノックを打たないおかげで、細かい部分まで注意をすることができるようになった。視野が広がり、他で遊んでいる選手を見逃さなくなった。木内監督にとって、ノックを打たないことはプラスになったのだ。ノックを打たない稀有《けう》な監督。それもまた木内監督らしさだった。

若いうちはね、新聞に悪口書かれたくなくなんのよ

1点差で負けている9回裏、無死一塁で送りバント。一見、手堅い作戦のように見え

る。だが、別の視点から見れば、勝負をしていない無難な作戦ともいえる。

「最初はね、若いうちはね、目立ちたがりになるの。そのうち、新聞に悪口書かれたくなくなんのよ。それで、いい子になろうとすんの。監督ってのはみんな。それで見え見えの作戦をとってみたりするんスよ」

1死二塁にしておけば、追いつけずに負けたとしても「チャンスで打てなかったバッターが悪い」となり、監督が非難されることは避けられる。負けても選手のせいにできるのだ。逆に打たせて併殺打になれば、周囲から「監督が悪い」「監督は野球を知らない」と敗戦の責任を押しつけられる。

この考え方から脱することができるかどうかで、勝てる監督になれるかどうかが決まるといってもいい。木内監督は誰もがバントを予想した場面で、平気でヒッティングを選択した。それが裏目に出て併殺打になり、負けた試合も少なくない。だが、なぜ打たせるのか明確な理由があったから、負けてもサバサバしていた。

木内監督が無死一塁で打たせる場面は、ほぼ2つの状況。ひとつは自チームの投手と相手打線の力関係からある程度の失点が予想されるとき。バントで1点取っても簡単に取られてしまうから、一気に2点、3点を奪いにいった。

もうひとつは、相手がプロ入りするレベルの好投手のとき。得点圏に走者を置くと全力投球されて打てないため、あえて走者を一塁に置いたままにしておき、気を抜いて投げてくるところを狙った。そこには、こんな理由もある。

「送りバントでセカンドにもってくと、1点ほしがってるように見えるんですよ。そうすっと、1点はやらないよってピッチングをやられっちゃう。1点ほしいときって、1点取れないんですよ、なっかなか。ところが、いらねぇときに結構入ってくんです。相手には『なんだこれ。何考えてんだ』みたいにしといて、こっちには『1点ほしがらずにいこう』というと2点、3点につながっていく。だから、『2点取ろう、3点取ろう』ってやってれば、2回に1回は2、3点取れっちゃうんですよ、ハイ。子供たちの気持ちを大きくしてやると大きな野球ができる。ただ、監督が『あそこはバントだ』とか悪口言われますけどね」

周りからの評価を気にするのが若い監督。これは、反対の面でも表れる。「悪口を言われたくない」というマイナスの方ではなく、「監督のおかげで勝った」とプラスの方をほしがるのだ。

エンドランを連発したり、ダブルスチールを狙ったり、走者三塁でエンドランをしたり、何度もポジションを入れ替える継投をしたり……。素人でもわかる作戦をしかけ、監督が脚光を浴びることを望む。自分が主役になり、スター監督になろうとする。

「オレも甲子園の決勝でワンポイントなんかしたでしょ。高校野球ってのはそんなことやるべきじゃねぇよっていう否定論もオレの中にはあんのよ。馬淵《まぶち》（史郎《しろう》、高知・明徳義塾監督）さんが星稜（石川）の松井（秀喜《ひでき》、元ヤンキース他）を5敬遠したのがあったでしょ。高校野球は力と力がぶつかるんだ。敬遠はねぇよという考えもあっけど、それはその監督さんの感性で、そこまでやっても勝たしてやんのが監督の仕事だと思えばなんでもやれちゃう。高校野球でそこまでやって勝ったってしょうがねぇじゃねぇかと思えば、やらないだけの話なんだ。でもね、若いうちは子供たちと同じ名誉をほしがっから、そこまでできちゃう」

木内監督は、年齢とともに徐々に考え方が変わっていったという。

「年取ってくっと、こういう勝ち方じゃないといけないっていう理想みたいなのが出てくんのよね。だけど、それでも『これで勝てっかもしんねえから、この手を打ってやろう』っていうね。博打《ばくち》もあるんスよ。一か八かって手が。正直言うとオレは馬淵さんに近いタイプなんだよ。あの年代だったら同じことやったかなっていう気がしないでもねぇ。オレはあれで負ける方が悪いって言うの。ただのランナー5回出してくれんだよ。これは監督が歩かされたときの準備をしてねえってことなのよ。ただ、そこまでして勝って後味がいいかってことを考えてみろってことよ。試合には勝てたかもしんねぇけど、子供らの気持ちの中で勝利の喜びの中に悔いはねぇかってことを考えると、無用のときに歩かせることはねぇというのはあっけどね」

とはいえ、木内監督自身、練習試合でもゴルフでも負けるのが嫌だという負けず嫌いな性格。教員ではなく、監督専任のプライドもある。

「監督が悪口言われても、どうしたら子供たちが勝つかということを考えるとやるべきことはやるということ。勝ちパターンになったら、しゃにむにスクイズやります。これはもう、（勝利を）盤石のものにしたいかんね」

周りから何を言われても、勝つために最善の策を採る。監督は勝負師でなければいけない。それが木内監督の考えなのだ。

教育ってのは子供を指導することで、罰することじゃねぇの

高校野球の世界は禁止事項がばかりだ。何をやっても「あれがダメ、これがダメ」といわれる。特に甲子園大会となればなおさらだ。

メーカーのロゴが入ったユニフォームはダメ。ヘルメットのツートンカラーはダメ。本塁打を打った選手を出迎えるのにベンチから出てはダメ。派手なガッツポーズはダメ。ベンチに持ち込むメガホンは1個だけで、そのメガホンは監督以外使ってはダメ……。挙げればきりがないほどだ。

のびのび野球といわれた84年の取手二は大会中もたびたび高野連から大目玉を食らった。初戦の箕島戦。逆転勝ちにテンションが上がったナインはグラウンドからインタビュー通路まで大騒ぎ。「騒ぐな。相手のことも考えろ」と怒られた。3回戦の福岡大大濠戦ではホームランを打った下田和彦をナインがベンチ前に並び、手を出してお出迎え。それを「プロ野球じゃない」と一喝された。

だが、取手二ナインにとってホームラン後の行為は〝儀式〟。やらないと盛り上がらないというほど大事なことだった。やりすぎた感はあったにせよ、そこまでガミガミ言わなくてもいいのではないか。木内監督にはそんな想いがあった。

「みなさんね、高校野球を大人の野球として見てんだよ。そうじゃねぇんスよ。子供がやってる野球だっていう目で見るとよーくわかんのよ。『これなによ』ってのが高校生の野球にあんのね。それが不思議でもなんでもないの。見る人も大会委員も監督も、子供の野球なんだっていえば、腹立たねぇのよ。すぐつまんねぇことで腹立てて新聞にいろいろ取り上げられたりすっけど、子供だもん。何するかわかるでしょうよ、ホントいえば」

高校生は子供。「大人らしい行動をとれ」なんて言う必要はない。それが木内監督の考え方だ。

「子供の野球なんだから文句言われる筋合いねぇもん。子供のやることでね。大人として見っから文句言われんだよ。まぁ、私はやんちゃな子供らを持ってると思ってますんで、何やっても『これをどうやって指導していくかな』と指導の方法から先に考えますからね。それを大人は処罰の方向から見てるかんね。それが間違いだっつうんだ」

木内監督によれば、「学校の先生は職業上、処罰を先に考える」のだという。だが、木内監督は教員ではない。野球部の監督として雇われた専任監督だ。これはボランティアとしてやっていた土浦一時代から変わっていない。指導者ではあるが、教育者ではないのだ。かつては夏の甲子園優勝監督が大会後にオールジャパンを率いることになっていたが、84年に優勝した際、木内監督は「私は教育者ではありません。他のチームの大事な選手を預かるなんてとてもとても」と言って全日本監督の座を辞退している。

「オレはいくら怒っても、子供らを見捨てることはしねぇの。午前中の試合で『お前なんか使わねぇ』って怒っても、午後の試合で使ったりすることもあっから」

そんな考えだから、どんな選手も受け入れられ、チャンスをもらった高校生はその経験を活かして成長していく。意味のない締めつけ、根拠のない排除は高校生が大人になるチャンスを逃してしまう。そう思っているのだ。

「教育ってのは子供を指導することで、罰することじゃねぇの。子供らがどうしたらいいかってことを考えてくれれば一番いいんだから」

監督っていうのは、何年やっても、やる前は絶対怖いもんですよ

勝負は、試合前夜だった。

試合前日の夜になると木内監督は何枚もの紙を用意する。使うのはたいていが新聞広告の裏。そこに翌日のオーダーを書いてシミュレーションをするのだ。相手の先発投手を予想し、その投手に合いそうなのは誰かを考えて打順を組んでいく。この打者が出塁したら次の打者はどうするか。自チームの投手陣と相手打線との力関係から失点を予測し、何点勝負になりそうなのかで作戦を決めていく。

「2アウトランナーなしからヒットを打たれて、次のバッターには一、二塁間を抜かれて一、三塁になっちゃって。ここを抑えてくれれば、これ以降はゼロ、ゼロでいける。さて、どう攻めるか……」

こと細かにシミュレーションをした結果、3失点以内に収まると思えばバントで確実に1点ずつ積み重ね、ある程度の失点を覚悟しなければいけないと思えば、バントをせずにエンドランやヒッティングで一気に2点、3点を取る攻撃を展開する。

頭の中で描く試合がうまくいかなければオーダーを練り直し、もう一度初回から考え直す。そうやって、勝つまで試合をくり返すのだ。

「オールラウンドプレイヤーなんてそうはいねぇの。ましてや高校野球では得手不得手のある子がほとんど。だからメンバー表は10枚ぐらい書きますよ。相手ピッチャーの球種や配球も考え合わせっと、何通りでも打線ができちゃう。1番は誰、2番は誰とオーダーを組んでいって、もし相手がこう来たら、3番は誰にする。反対にこう来たら、5番は誰にしてって感じで、いろんな場面を想定して準備しとくの。対左ピッチャー用、アンダースロー用、（リードしているときの）逃げ込み用……ってね」

勝ったところでようやく寝床に就くが、ふと思いついてオーダーを変更することは日常茶飯事。頭が休まることはなかった。

「今日の練習見たら、こっちの方が調子よさそうだ。これとこれの打順を入れかえようっていうのを寝てから思い出すんスよ。部長もスコアラーも大変だったと思いますよ。前の日に『明日はこれでいくよ』って出してあんです。球場に行ったら、『メンバー交代ありますか』って来るんだけど、『あるよ』って違うの出させせんですから（笑）」

大変だったのはコーチも同様。当時コーチだった佐々木力は言う。

「スタメンの確認に行くと『バカヤロー。今日は5メートルの風が吹いてんだぞ。こいつじゃ守れねぇ。何年見てんだ』って怒られるんです。風だけじゃなくて雨が降ったらグラウンド状況を見て、選手を交代するんです」

考えることが多すぎるから、寝られないこともたびたび。監督勇退を発表して臨んだ03年夏の甲子園初戦・柳ケ浦戦の試合前、木内監督はこんなことを言っていた。

「ゆうべは寝づらかったね、正直言うとね。例年よりも寝づらかった。相手を知れば知るほど、いいチームだなという感覚があるとねぇ。どう抑えて、誰がバントして、誰が走ってきて、誰をどう攻めて、浜風がどう吹くという計算をしますと、なかなか簡単に眠れなかったですね。1回早く寝たんですが、眠れねぇで起きまして、夜中にたばこ吸ってました（笑）。まぁ、朝寝てっから同じですよ」

もちろん、監督がいくら頭の中でシミュレーションをしても、選手がその通りに動いてくれなければ絵に描いた餅だ。そうならないために、木内監督は普段から準備を重ねる。日大三（西東京）の小倉全由《まさよし》監督は常総学院との練習試合で、木内監督の姿勢に驚いた。同点で迎えた最終回の日大三の攻撃。2死一、二塁で打席には3番の左打者。常総のマウンドには左投手がいた。打者が痛烈なファウルを放つと木内監督が動いた。四球で歩かせてあえて満塁にすると、4番の右打者のところで右の下手投げ投手を投入したのだ。小倉監督は言う。

「練習試合だから、（投手を代えずに）『打たれたって構わない。抑えてみろ』と言ってもいいところ。そうせず、この場面で甲子園で使えるか使えないかを試しているんだなと。だから、この人は勝ってるんだなと思いましたね。甲子園でも、『この場面でこんなヤツ出すの？』ってことあるじゃないですか。あれは、マジックじゃない。監督としたら、練習試合で使っていなければ使えないですよ。木内監督のあの采配は、ひらめきなんかじゃなくて、『ここでこういうことはやっとかなきゃいけない』ということなんですよね」

この例に限らず、木内監督は常に公式戦を想定して、実際にサイン通りできるかどうか、強豪相手に通用するかどうかを試している。そこで結果が出て、確信を得たものだけを本番で使うのだ。

木内マジックといわれるが、決してヤマ勘ではない。練習試合では本番で使える選手かを確認し、本番で使う策を試しておく。前夜にあらゆる展開を想定し、何度もシミュレーションをする。そこまで準備をしているから、試合では迷わずに作戦や選手起用を実行することができるのだ。木内監督は、監督を半世紀以上務めても、最後までこの準備は欠かさなかった。

「そらぁ、何年やってもそういうもんですよ。何年やってもね。やる前は絶対怖いもんですよ。監督っていうのは」

どれだけ実績を残しても、名監督といわれても、ここまでやるから勝てるのだ。

負けて帰るとね、たらればがえらいあんですよ。これをものすごく後悔すんの

これから試合だというのに、1年前に負けた試合を悔やんでいた。

03年夏の甲子園3回戦・静岡戦の試合前。「1、2回戦は采配が当たってますね」と話をふられた木内監督は自らこう切り出した。

「長年野球の監督やっててね。ここはこうした方がいいというのはある。でも、負けて帰るとね、たらればがえらいあんですよ。これをものすごく後悔すんですよ。だって、去年明徳に負けたの、なんで最後に磯部を使わねぇんだっていまだに後悔してんだから」

木内監督が言うのは02年夏の甲子園3回戦・明徳義塾戦。8回表を終わって6対4とリードしていたが、8回裏、簡単に2死を取ったあとにサードの横川が悪送球。直後に2番・沖田浩之、3番・森岡良介《りょうすけ》（元ヤクルト他）の2人の左打者に連続ホームランを浴びて逆転負けを喫した。打たれたのは当時2年生でエースだった右のサイドスロー・飯島。ベンチには翌年エースナンバーをつける2年生左腕の磯部がいた。

「今の（成長した）磯部がいるからそう思うんでしょうがねぇ。あのときの磯部は今日の先発ピッチャー（2年生左腕の仁平）みたいなもんでして。それほどではないと思ってましたから（笑）。ですから出しそびれちゃったんでしょうがね。今の磯部なら、当然、8回に左バッター2人にまわるんだから、勝ってんだから、絶対出すべきですよ。そういうのが、1年も2年も覚えてるし、ひっかかってんスよ」

3回から救援登板した飯島は5イニングを2安打1失点とほぼ完ぺきに抑えていた。木内監督だけではなく、敵将の馬淵史郎監督も敗戦を覚悟していた。誰も責められない。だが、木内監督は簡単に負けたショックをぬぐえない。

「『飯島で大丈夫』みたいのあったっすから。飯島に託してみるしかない。ひっくり返されたってしょうがねぇだろっていうねぇ」

そう思っていても、結果が出なければ後悔する。連続ホームランを打たれたあとに投入した磯部が4番の左打者・筧裕次郎《かけいゆうじろう》（元オリックス）をセカンドゴロに抑えただけになおさらだ。もう一度やり直したい。それが監督というもの。プレーできるのは2年半で5回しか甲子園のチャンスがない選手と違い、監督は来年もあるといわれる。だが、そんな簡単な話ではない。「あそこでこうしておけば……」「ああすれば勝てたのに……」と何年たっても悔やむのだ。

「だから、何して満足だの、なんだのって帰るときはめったにないんですから、ハイ。

ですから、たられぱっかりでね。ゴルフと同じで全部たられば（笑）」

負けた経験を活かし、次に同じ失敗をしないように考える。どうすれば負けないチームになるか、負けない采配ができるかを寝ても覚めても考え続けるのだ。木内監督の勝負勘は50年間に積み上がった負けの数とともに磨かれた。

本当に強いチームは、監督がプロ意識を持たねぇとそれ以上になんねぇんだよ

高校野球監督のプロ。木内監督はそれを自認していた。

「オレは野球でメシ食ってんだから。先生方は授業を教えて給料もらってんだ。オレは野球を教えて給料もらってんだ。だから人に負けない野球ができなくちゃ。負けない野球っていうのは、全国優勝まで負けちゃいけねぇっていうんじゃなくて、同じチームを持ったときに負けないんだよということ。その意識がなきゃプロじゃないでしょうよ。このチームを持ってててこの相手には負けちゃいけねぇってあるの。このチームには負けてもいいってチームもあるよ。向こうが上の場合はね。そういう意味で互角なら負けちゃいけねぇっていうのがまず根底にある。自分でプロだって意識してますから、ハイ」

プロだからといって、勝利至上主義ではない。

「プロでもプロ野球じゃねぇから。高校野球の監督としてのプロ。高校野球の約束事ってのをきちっと守らしたうえでのプロだかんね。人間づくりもするけど、プロとして存在感を示すには結果を出すしかないってこと。そこらが誤解されやすいんだけど、オレがプロっていうと、『生徒を指導する立場でプロはねぇだろう』って人が出てくんの。『話聞いてたのか？』って言っちゃうんだけど」

木内監督の持論は、力関係が4対6まではなんとかなるが、3対7になると勝てないというもの。圧倒的に戦力差がある場合を除いては、監督のやりようで勝負にはなると考えていた。プロである以上、勝てる試合は絶対に勝つ。その意識は采配にも表れる。

木内監督はよく勝ちパターンの話をした。

「勝ちパターンに入ったら必死になって勝つ努力をしてやんなきゃいけない。送ったり、盗塁さしたり、しゃにむにスクイズしたりというような厳しい野球をやる。1点でも多く積み重ねて、絶対に負けない態勢をつくっていくことが監督の仕事なんです」

試合開始当初は1イニングに2点取ろうと無死一塁でヒッティングをしていても、得点が入り、有利な展開になればプランを変更する。確実に送りバントをする。それは、得点圏に走者を進めるためとは別の意味のバントだ。

「打たしてゲッツー食うと、流れが向こうにいっちゃうかんね」

野球には流れがある。併殺を避け、勝ちを自ら手放す可能性を低くするためにバントをするのだ。勝ちパターンに入れば、守備のことをより考える。03年夏の甲子園決勝後にはこんなことを言っていた。

「泉田が暑さ負けをしまして。顔も真っ赤んなっちゃって、バットがまったく振れない。ホントなら代えるんですよ。宮田もそうなの。でも、『打たなくていい。守備しっかりやれ。どっちかで貢献すればいい』と。要するに勝ちパターンに入りましたから、選手は代えられないと」

ミスをなくし、相手に流れを渡さない。これが、負けない野球だと考えていた。

「負けパターンに入りますと（打球が）人のいないところばっかりに飛ぶんですよ。野球って怖い。だから、（流れを）渡さないことなんです。つけ入るスキをやらないことなんです」

もちろん、負けないチームになるためには事前の準備が必要だ。ひとつは、チームをつくるうえで複数の攻撃の準備をすること。

「いつも同じ作戦ではダメなの。うんとこちゃこちゃ（小技を）やったり、今日はこちゃこちゃなしってやったり、両刀使いじゃないとダメなのよ。読まれるから。あとは打てないときは機動力でっていうような3つの攻めを持ったチームにもっていきたい。ですから、バッティングだけのチームでもダメ、機動力だけのチームでもダメ、甲子園はね。そういう訓練を常にしておく。だから、練習はすべての練習をしとかないと。アンダースローの対策も、サイドスローの対策もしなきゃいけない。オールラウンドじゃないと、苦手をつくるのはダメなんです。それは監督の仕事としてやっとくべきだろうと」

もうひとつは、勝ちぐせをつけること。甲子園に直結しない春の関東大会では、こんなことを言っていた。

「野球ってのは、勝手に勝てるパターンてのができちゃうんですよ。そのときに勝たなかったら、勝てねぇの。いくら勝ちたくたって、勝ちパターンが来ねぇときは来ねぇんだし、勝てるとき勝っとこうよと。いくら『(甲子園に関係ない試合のため)勝たなくてもいいよ、勝つ必要ないよ』と言っても、勝てるパターンが来れば、それは勝ちにいくの当たり前ですよ。勝ちパターンだけは逃したらダメ。逃すと逆転を食らうという体験をさせる。勝ちにいったら勝つんだという練習をさせる。とりこぼしのないチームにしたいんだよ」

この場合の勝ちパターンとは、相手がミスをして点数が転がり込んでくることを指す。相手がお膳立てをしてくれているのを逃すようでは、どんな試合も勝てない。だから、そうなったらプランを変更する。作戦面を変えるだけでなく、経験のために出す予定だった下級生投手の登板を見送るなど、起用でも勝ちにこだわり、「こういう展開になったら勝てるよ」という流れを把握させるのだ。

勝ちパターンという意味では、こんなことも言っていた。こちらの方が力が上とわかっている場合、先制点をしっかり取って、リードして試合を進める必要がある。

「人間っていうのは判官びいきってのがあっから、強いとこが負けんのをみんなおもしろがんのよ。そうすっと後手に回った場合、審判の判定まで変わっちゃう。『あれがストライク？　あれがアウト？』ってのが出てくる。それで子供らがむくれちゃうのよ。だから、早く点取って『これはコールドで終わるな』って思わせることが大事なの。オレは審判やった経験あるからわかるんだよ」

自分側、相手側、審判側、観客側……。あらゆる方向から試合を観て、考えられる準備をする。これが、木内流の負けない野球なのだ。

「勝って不幸になる人間はいねぇのよ。勝って喜びを知れば、人間は我慢ができるようになんの。教育するには、勝つチームにすんのが簡単なの」

あえてプロという言葉を使い、勝ちにこだわる。

「高校野球の監督はプロじゃいけねぇんだけどな。だけど、本当に強いチームは、監督がプロ意識を持たねぇとそれ以上になんねぇんだよ」

勝つことで人は変わる。それを知る木内監督だからこそのプロ意識だった。

どんなに弱くても甲子園を狙うのが指導者の責任。優勝の夢は監督が与えんですよ

歴代7位となる甲子園通算40勝。春は優勝1回、準優勝1回。夏は優勝2回、準優勝1回。輝かしい戦績を誇る木内監督だが、甲子園に初めて登場したのは意外にも46歳のとき。監督になってから28年もかかっている。

「オレほど負けた監督もいないだろう。甲子園なんて夢のまた夢だったかんね。こんなに甲子園行かない監督いないよ。ただ、オレ自身が甲子園を狙うとこで野球をやってなかった。土浦一高時代に飛田《とびた》穂洲《すいしゅう》さんの教えで、とにかく『野球を通して人間教育するんだ』って人間修身みたいなことをやってましたから。楽しくもなんともねぇ、これはね（笑）。人間教育ってのは楽しくないんだよ。『あれがいけねぇ、これがいけねぇ』が多くてね」

進学校の土浦一から移って指揮を執ったのが元女子校の取手二。当初は、全校生徒のうち男子生徒が15パーセントしかいなかった。

「男の子が取手二高にいるよ、男らしく育てますよというのが目標で、勝つこと、優勝

することが目標ではなかったんスよ。男の子は無理やり野球部に入れさせられっから3分の1は逃げて帰っちゃう。最初は自転車で追っかけて『練習やってけ』って言ったりしました。でも逃げちゃうようなヤツを引きとめたってダメなのよ。この世界はね。汗水たらすところだから」

ともに西武で活躍した松沼博久、雅之兄弟が入学するなど、徐々に力はつけていったが、部員は博久のときが10人、雅之のときが14人。紅白戦もできない状況で、木内監督自身にも甲子園という考えはなかった。

「優勝じゃなくて、ベスト8ぐらいを狙ってたの。そこまで行けば新聞にも大きく載るし、いい思い出をつくれっかんね。ただ、そこにたどりつくためにはって相手の虚を突く野球ばっかり、夜も寝ねぇで研究しましたね」

そんな木内監督に転機が訪れる。ともに東洋大に進んだ松沼兄弟の縁で東洋大の達川《たつかわ》光男《みつお》(元広島)がコーチに来てくれたときのこと。達川にこんなことを言われたのだ。

「監督さん、このチームも甲子園を狙ってるんですよね? 広商(達川の母校である広島商)ではどんなに弱くても、毎年甲子園を狙いますよ。野球部の子は甲子園に行きたくて野球をやってるんですよ。狙わなかったら、3年生がかわいそうじゃないですか」

こんな弱いチームではいけるわけがないと思っていた木内監督には、当然といった顔でそう言う達川の言葉が衝撃的だった。

「ショックだったね。それまでは遊び半分の野球だったなと。どんなに弱くても甲子園を狙うのが指導者の責任。甲子園は『行きてぇなぁ』じゃ行けねぇ。『行くんだ』って思わないと。その差だよね。指揮官の意識が高くないと子供らはついてこない」

以後はベスト8ではなく、ベスト4を目指すようにした。なぜ甲子園ではないのか。それには、こんな理由がある。

「ラッキーで甲子園が転がり込んでくることがあんだよね。準決勝まで行くと（優勝）旗がちらつくから、向こうが硬くなってくれたり、強いチームが萎縮したりするんだ。弱いチームは負けてもともと。『勝てっこねぇけど、食いついてやれ。簡単に甲子園に行かせんな』なんて言うと、はつらつとしちゃって勝っちゃう場合があんだよ」

　事実、初出場は木内監督があきらめていたときに実現した。77年夏の茨城県大会。準々決勝で好投手・梅澤義勝《うめざわよしかつ》（元ロッテ他）を擁する鬼怒《きぬ》商と対戦した。延長で2度勝ち越されながら追いつき、延長18回4対4の引き分け。試合時間は4時間22分だった。翌日の再試合を8対0の7回コールドで制すると、準決勝は鉾田《ほこた》第一《だいいち》を3対1、決勝は土浦日大を1点ビハインドの8回に逆転して3対2で勝ったのだ。18回と再試合で他校より2試合分多く戦っている。おまけに他校は準々決勝翌日は休養日。そんなハンデを覆しての初の栄冠だった。

「過酷な条件の中で勝ったことで、子供らは無限の可能性を秘めていることに気づいたんスよ。体力も気力も意外性も大人の物差しではははかりきれないものがある。それまでは自分の考えを押しつけっ放しだったのを反省させられました、ハイ」

このチームは甲子園でも掛川西《かけがわにし》を4対1で破って1勝。これ以降は完全に木内監督の頭の中が変わった。チームづくりの過程も変わった。

「野球は地域性を含めた体験の部分が非常に大切なんです。考えてみたら、それまでは甲子園に行くようなチームと試合をやってなかった。ということは、どうすれば甲子園に行けるか知らなかったとも言えんだよね。オレは甲子園に行くチームに失礼だからって練習試合をやらなかった。子供たちにマイナスを与えたと反省してるんです」

見聞きするより、生の体験に勝るものはない。甲子園に行きたいなら、甲子園レベルを知るべき。だが、どうしても弱いチームを率いる指導者は強豪に遠慮してしまう。気後れしてしまう。

「こっぴどく負けたら負けたでいいじゃないスか。『こんな弱いチームを連れてきて』なんて怒る監督さんなんていねぇんだから」

全国レベルを知ることがいかに大事か。木内監督がそれを実感したのが84年6月24日のPL学園との招待試合。エース・桑田真澄の前にわずか1安打しか打てず0対13で完敗したが、力の差を感じたことで選手たちが変わった。

「『おめぇたち、どうすんだ？　全国にはこんないいピッチャーがいんだぞ』って言ったら、『オレの打ち方じゃ通用しねぇな。短く持ってセンター返しだ』ってバッティングが変わった。振り回すバッティングも、ホームラン狙いのバッティングもやめちゃったの。ホームランを打てるヤツらがヒットを打ちにいくんだから、打つんだよ。『ヒットってこんな簡単に打てんのか』って言うんだから」

監督を引退後、木内監督はチーム強化法、勝ち方を問われてこう答えている。

「自分らが一番下だと思ったら、（実力が）ひとつ上のチームと（練習試合を）やれ。勝つまでやれ。勝ったら、そのひとつ上と戦って勝つまでやれ。（県大会の）ベスト4レベルと互角にやれた時点で、オレは子供たちに『どうだ、優勝のチャンスあるぞ』と言う。優勝の夢は監督が与えんですよ」

甲子園レベルを肌で感じ、差を実感する。その差を埋めるべく練習し、そのあとは自分たちより少し強いチームに勝つことを目標にする。あまりに遠い目標だと気持ちが萎えてしまうが、少し頑張れば手が届く目標にチャレンジさせることで、選手たちのやる気を引き出す。小さな成功体験を積み重ねさせ、ベスト4レベルまで実力を引き上げる。そこまで来れば、勝負は時の運。甲子園が現実味を帯びてくる。

「甲子園に出て、甲子園出場チームだっていうと県のベスト4以上のチームが練習試合を申し込んでくんですよ。こちらが申し込んでも受けてくれるんです。その他にも、『どこそこが来ますから（変則ダブルヘッダーなどで）いっしょにやりますか』ってこうなるんですよ。勝つことによって、後輩たちが恩恵を受ける」

そうやって徐々に相手校のレベルが上がり、遠方から来る他地方の強豪チームと対戦し、さまざまな地域性や全国レベルに触れる機会が増える。自然と求める基準も高くなり、チーム力は上がっていく。毎年、経験値が上がることで強いチームが継続されるのだ。

「3年で2回（甲子園に）行ったら、（チーム内に）『行くぞ、行くぞ』というのが充満すんのよ。3年で2回行ったら、常連校になりますよ」

強豪相手に一歩踏み出す勇気とスモールステップ。そして経験。このくり返しが、チーム力を上げることにつながる。

木内マジックはなんだっていったら、今までの洞察力だと。要するに選手を見続けてること。それがマジックのように見えるんだが、オレにとってみれば当然のことをやってるだけのことなの

「次はバントだ」「いや、盗塁だろう」

常総学院の試合になると、ネット裏のあちこちから次の作戦を予想する声が上がる。そのプレーが終わると、今度は「オレは当たった」「外れた」という声に変わる。

もちろんこれは、木内監督の出すサインを予想してのものだ。木内采配は、たったひとつのバントでさえスタンドに楽しみをもたらす。

何をしてくるかわからない。突飛な作戦。これが、木内マジックの代名詞になっている。ところが、木内マジックについて尋ねると木内監督は間髪入れずにこう言った。

「そんなもんまったくないいんだよ。なんだっていったら、今までの洞察力だと。要するに選手を見続けてること。それがマジックのように見えるんだが、オレにとってみれば当然のことをやってるだけのことなの」

マジックと呼ばれるきっかけとなった甲子園決勝でのワンポイントリリーフ、毎試合のように変わる打順、控え選手のスタメン抜擢、代打策の成功、盗塁、エンドランといった柔軟かつ多彩な攻撃……。相手の意表を突くというイメージの木内采配も、本人にとっては当然のことをやっているにすぎない。

「第三者から見ると、『あれっ、ここで何これ』って言うんですけど、誰でもやんじゃないんスよ。こいつにこれをやらしたらうまいよってヤツにそれをやらせっちゃう。それが下手なヤツにまわってきたら、上手なヤツと取り替えっちゃうと。そういうことなんだ。オレにしてみれば一番得意な人がやんだから、一番正当な手なんだよ」

木内監督は選手をよく観察する。普段の言動から性格を知るのはもちろん、練習中、試合中の行動、ミスをして交代を命じられた直後のベンチでの態度、そのあとの練習態度……。それらを見て、個々の特徴をインプットする。晩年は年齢のせいもあり、完ぺきとはいかなかったが、ある時期までは遠くから後姿や立ち方を見るだけでその選手が誰かを識別できるほどだった。

それが本当だったことを表すエピソードがある。03年6月の練習試合。走者がいる場面で打席がまわってきたキャプテンの松林が、いつものように木内監督のところへ次の作戦を訊きに行ったときのことだ。松林は言う。

「『どうしますか?』と訊いたら、小さい目を見開いて『お前誰だ』って言うんです。『松林です』と言ったら、『お前なら送りバントに決まってるだろ』と。試合が終わってから、『松林、お前の動きは知ってる。プレースタイル、打ち方、投げ方はわかる。でも、顔は知らなかった』って言われました（笑）。『一応、キャプテンなんですけど……』と言ったら、『キャプテンとかキャプテンじゃねぇとかじゃねぇの。オレはプレーで見てる。だから顔は知らねぇ』って」

松林がキャプテンになったのは春の大会後。だからといって、キャプテンの顔を知らない監督など聞いたことがない。だが、それが木内監督なのだ。選手を観察することについて、木内監督はこう言っていた。

「指揮官にもっとも必要なのは部下を知ること。そっからスタートしてることなんスよ。ずっと目を離さないで見てると、いろんなものが見えてくんの。それが、その人を動かす一番の土台になるんだよね。とにかく、遊んでる姿から見る。グラウンドに出てたら、『あそこで草取ってるの、誰?』とかね。土木作業やってっときに、『運搬車運んでんの、あれ誰?』とか。ちょっと何かに特色があると思ったら、何でも頭に入れとくというような意識だね。要するに、子供たちを見てたらちゃんと教えてくれるってこと。『監督、オレはこうなんですよ』って性格も何もかもね」

だから、ファンやマスコミが意表を突いたと思うような作戦でも、木内監督の中には「こいつにはこれがハマる」という根拠がある。逆にいえば、常識的に考えればバントという場面でも、その打者がバントが下手ならやらせない。

「マジックは意表を突くことだって、そう思ってんだ、みんな。オレにしたら意表じゃねぇ。根拠があんだ。練習の中で培ってきたことを記憶しといて、その子の特色の中でこれがハマるっていうものを使うんだ。ランナーが2人いるとすんでしょうよ。誰と誰じゃ何もできねぇ。じゃあ、何もやんねぇべよ。どっちもうまいなこのランナー。じゃあ、ここでひとつしかけんべよって、そっから始まんだから。グラウンド行って、その場面になって初めて考えることなんだよ」

そのために周到な準備をする。なんと、茨城県大会も確認の場にしていた。

「夏の大会で一発、しかけちゃいけねぇランナーでしかけた。案の定、ダメ。やっぱりオレがしかけちゃいけねぇと思ってるランナーでしかけたら成功しねぇってことよ。

『こいつはできねぇだろうなぁ』と思ってしかけた。案の定、できなかった。それ実験してきたんだ、向こう（茨城）で。そういう実験はオレを裏切って成功してくれれば、『あぁ、みんな覚えたな』と思ってうれしいんだよ。失敗しても、失敗するだろうなという意識があっからそんなに悔いにはならねぇ。要するにレベルアップ、底上げがどれぐらいできたかという目安にしてんだけどね」

場面、状況よりも打者が誰か、走者が誰かという理由で作戦を選択する。だから、普通なら送りバントのところでエンドランが出たり、スクイズの場面でダブルスチールのサインが出たりするのだ。

「全国でも一番長くグラウンドにいるのはオレだと思ってやってきた」

それだけの自信があり、確認もできているから迷いなくサインが出せるのだ。選手を誰よりも見続けてきたという自負、洞察力から得た情報が「木内マジック」につながっていた。

あとがき

ここまで、やるか――。

そんな〝木内伝説〟はたくさんある。

練習試合では、ミスをした選手はどんどん交代させるのが木内流。本人曰く、懲罰ではなく「エラーして落ち込んじゃったら、今日のゲームで力は発揮できない。引きずって守らすより、代えてやった方が親切だ」という理由からなのだが、あまりにも交代が多いせいで、そのうちに選手が足りなくなる。そうすると、どうするか。なんと、交代してベンチに引っ込んだ選手をもう一度使うのだ。

「さっきのはヨシオ。お前はマサオ。こいつら、双子だっぺ」

劣勢の試合がひっくり返せる展開になったときも同様。一度は代えた選手を再び起用するが、今度はこうだ。

「さっきのはヤマオカ。今度のはオカヤマ」

一軍の変則ダブルヘッダーの合間に、近くで行われている二軍の練習試合に移動し、サインを出し、選手交代をして帰ってくることもある。

ここまで、やるかの精神は公式戦でも変わらない。

エースがふがいないピッチングをすると、「おめぇ、ダメだっぺ」と容赦なく交代。その際、ベンチから出てきて、スタンドに向かって「エース、ノックアウト!!」と大声で言うこともあった。客席のファンからは笑いが起きたが、そんな屈辱を味わわされる高校生はたまったものではない。

08年秋の茨城県大会準々決勝・下妻二戦では、試合前に教え子である相手の小菅勲監督を呼び、「今日の先発はどっちだっぺ？　オレも教えるから、お前も教えろ」と〝予告先発〟させている。左が先発と聞くと、クリーンアップにずらっと右打者を並べた。まるで、マンガ。ホントかうそかわからない〝伝説〟は枚挙にいとまがない。それが、木内監督なのだ。だが、実はこれは、オモテの部分にすぎない。普段、他人には見せないウラの部分にこそ木内監督の本質が見える。

監督をやめたあと、木内監督はこんなことを言っていた。

「野球は忙しかったス。冬でもこたつん中で年中メンバーづくりやってますから」

高校野球は12月1日から3月7日までアウト・オブ・シーズン。対外試合が禁止されている。多くの学校はこの期間にトレーニングで身体をつくり、パワーをつけ、基礎練習で基本を固める。試合から離れ、監督の頭もオフに入る。

ところが、木内監督は違う。冬場も実戦を重視し、選手の観察を怠らない。何通りものオーダーを練る。オフシーズンも頭の中で他校と試合をしているのだ。そのオーダーをつくる指標となるのが木内監督が〝勤務表〟と呼ぶ選手メモ。通知表のようなものだ。

「選手を見て、その子の勤務表をつくるんですよ。攻撃力何点、バント何点、ベースランニング何点……って全部あんですよ。気の強さも点数があってね。気の弱い子は競った場面なんかでは悪い想像しちゃって身体が動かなくなんの。逆に気が強い子は大事な場面でも硬くならない。その代わり、ポカもあんだけどね。そんなのを踏まえて、『負けてる試合でこの子じゃ、気の弱い方の評価だから、バッティングの点数が少し低くても気の強い方を出した方がいいな』って、選手起用を考える。そういうことやりながら、一人ひとりの弱点を挙げてくようなことやってました」

身長、体重、体力測定の結果は数値で表すことができる。試合での成績も同じ。打率や防御率などの数字で評価することは簡単だ。だが、木内監督はそんなものには頼らない。頼るのは、あくまで自分が観て、感じたものだけ。だから、数値化が難しい性格面まで目を光らせる。

「チームづくりは、子供たちの性格を知るところから入るんスよ。子供の野球の中に大人が入ってくんだから、子供たちの考えを理解しないと戦えないの。まぁ、3人いたら1人は気の弱い子がいるね」

練習以外の何気ない動作も観察し、せっせと勤務表をアップグレードする。数値化しにくい項目をいかに正確に評価するか。ここが監督の見せどころ。だから、手を抜くことはない。選手同様監督もスイッチがオフになる冬場に、こんなにも試合のシミュレーションをし、オーダーを練る監督は他にいない。

まさに、ここまで、やるか。逆にいえば、試合のないときでもここまでやるから、采配が当たるのだ。たまたま当たったのでは、〝マジック〟とはいわれない。何度も当たるから、大事な場面で当たるから、マジックといわれるのだ。オフも欠かさない周到な準備。誰にも見せないウラの部分にこそ、マジックのタネはある。

木内監督の時代と比べ、高校野球は変わっている。技術や道具が進歩し、投げるスピードもスイングスピードも格段に速くなった。昭和の時代の映像を見れば、今の選手の技術とは雲泥の差がある。レベルアップは著しい。一方で、野球人口が減少し、技術がある選手とない選手との格差、有力選手が集まる学校とそうでない学校の格差が広がった。今は、一部の有力選手を集められるかどうかのスカウティングで勝敗が決まるようになっている。

能力の差で勝敗が決まる時代。木内監督のような細かな采配は必要ない。いい選手を集め、思い切り投げ、思い切り打つことだけやらせればいいのだから――。

もう采配で注目される監督は出てこないだろう。あとにも先にも高校球界たった一人のマジシャン。それが、木内幸男。

野球のおもしろさ、そして奥深さを教えてくれた木内監督。本当にありがとうございました。

田尻賢誉

2021年3月

木内幸男監督　略歴

１９３１年7月12日、茨城県土浦市生まれ。
土浦一高では主将を務め、卒業後コーチ、監督となる。
57年、取手二高に移り、
監督生活28年目の77年夏に甲子園初出場。
84年夏に茨城県勢初の全国制覇を果たす。
84年秋から常総学院高で指揮。
２００１年春、03年夏に優勝、
１９８７年夏、94年春は準優勝に導く。
甲子園には通算22度出場し、
歴代7位40勝（19敗）をマークした。
03年夏で監督を一度勇退するが、
07年秋より11年夏まで監督に復帰。
20年11月24日、89歳で逝去。

甲子園には、通算22回出場。通算40勝19敗。
取手二高では６回出場
（春２回、夏４回　うち夏優勝１回）
常総学院高では16回出場
（春５回、夏11回　うち春優勝１回、夏優勝１回）

木内監督　甲子園全成績

茨城県立取手第二高等学校

1977年夏	1回戦	4—1	掛川西（静岡）
	2回戦	1—3	宇都宮学園（栃木）
1978年夏	1回戦	1—3	岡山東商（岡山）
1981年夏	1回戦	1—2	鎮西（熊本）
1983年春	1回戦	5—6	泉州（大阪）
1984年春	1回戦	8—4	松山商（愛媛）
	2回戦	4—2	徳島商（徳島）
	準々決勝	3—4	岩倉（東京）
1984年夏	2回戦	5—3	箕島（和歌山）
	3回戦	8—1	福岡大大濠（福岡）
	準々決勝	7—5	鹿児島商工（鹿児島）
	準決勝	18—6	鎮西（熊本）
	決勝	8—4	PL学園（大阪）

常総学院高等学校

1987年春	1回戦	0—4	明石（兵庫）
1987年夏	1回戦	5—2	福井商（福井）
	2回戦	7—0	沖縄水産（沖縄）
	3回戦	6—0	尽誠学園（香川）
	準々決勝	7—4	中京（愛知）
	準決勝	2—1	東亜学園（西東京）
	決勝	2—5	PL学園（大阪）
1988年夏	1回戦	19—1	小浜（長崎）
	2回戦	2—6	浦和市立（埼玉）
1989年夏	1回戦	1—4	福岡大大濠（福岡）
1992年夏	2回戦	3—4	佐世保実（長崎）
1993年春	2回戦	9—3	宇和島東（愛媛）
	3回戦	4—6	東筑紫学園（福岡）

1993年夏	1回戦	11—1	鳥栖商（佐賀）
	2回戦	4—1	近大付（大阪）
	3回戦	1—0	鹿児島商工（鹿児島）
	準々決勝	6—3	小林西（宮崎）
	準決勝	3—5	春日部共栄（埼玉）
1994年春	1回戦	3—0	岡山理大付（岡山）
	2回戦	2—0	高知商（高知）
	準々決勝	6—2	姫路工（兵庫）
	準決勝	13—3	桑名西（三重）
	決勝	5—7	智弁和歌山（和歌山）
1998年春	2回戦	9—2	岩国（山口）
	3回戦	4—5	明徳義塾（高知）
1998年夏	2回戦	10—3	近江（滋賀）
	3回戦	4—2	宇和島東（愛媛）
	準々決勝	4—10	京都成章（京都）
2001年春	2回戦	8—7	南部（和歌山）
	3回戦	4—1	金沢（石川）
	準々決勝	4—2	東福岡（福岡）
	準決勝	2—1	関西創価（大阪）
	決勝	7—6	仙台育英（宮城）
2001年夏	1回戦	15—4	上宮太子（大阪）
	2回戦	0—3	秀岳館（熊本）
2002年夏	1回戦	3—2	宇部商（山口）
	2回戦	3—0	柳川（福岡）
	3回戦	6—7	明徳義塾（高知）
2003年夏	1回戦	2—1	柳ヶ浦（大分）
	2回戦	6—3	智弁和歌山（和歌山）
	3回戦	7—0	静岡（静岡）
	準々決勝	5—1	鳥栖商（佐賀）
	準決勝	6—2	桐生第一（群馬）
	決勝	4—2	東北（宮城）
2008年夏	1回戦	5—13	関東一（東東京）
2009年夏	1回戦	4—8	九州国際大付（福岡）

参考文献

「オレだ!! 木内だ!!」木内幸男著（双葉社）

「アサヒグラフ」（朝日新聞社）

「週刊朝日増刊　甲子園Ｈｅｒｏｓ」（朝日新聞出版）

「報知高校野球」（報知新聞社）

「週刊ベースボール増刊」（ベースボール・マガジン社）

「輝け甲子園の星」（日刊スポーツ出版社）

その他

茨城新聞（YouTube）

ＮＨＫラジオ深夜便

本書は、二〇〇四年二月、書き下ろし単行本として二見書房より刊行された『木内語録　子供の力はこうして伸ばす!』を文庫化にあたり、『木内語録　甲子園三度優勝の極意』と改題し、大幅に加筆・修正しました。

本文デザイン　柴田尚吾（PLUSTUS++）
略歴ページ写真　共同通信社

集英社文庫

木内語録《きうちごろく》 甲子園《こうしえん》三度《さんど》優勝《ゆうしょう》の極意《ごくい》

2021年3月25日 第1刷　　定価はカバーに表示してあります。

著　者　田尻賢誉《たじりまさたか》

発行者　徳永　真

発行所　株式会社 集英社

東京都千代田区一ツ橋2-5-10　〒101-8050

電話　【編集部】03-3230-6095

【読者係】03-3230-6080

【販売部】03-3230-6393（書店専用）

印　刷　株式会社 廣済堂

製　本　株式会社 廣済堂

フォーマットデザイン　アリヤマデザインストア　　マークデザイン　居山浩二

ISBN978-4-08-744225-0 C0195